民族主義與當代社會

民族主義研究論文集

羅志平 著

自序

我唸碩士班時曾從柯立德神父研究民族主義，之後雖然轉換了研究方向，但民族主義這個意識型態一直在我心中縈繞。不但不曾離去，反而因年歲較長，對人情世故有更進一步的體悟後，逐漸能夠從汗牛充棟的民族主義文獻中，思索出一些自以為是的道理。這些年，我開授「多元文化與當代社會」，講述各種類型的文化，文化與民族是共生的，全球化的時代，也正是民族主義的時代。在這樣的情境與氛圍中，要不研究民族主義也難，因此，便自然而然地愛上民族主義。

這本書收錄了十篇論文，一部分是期刊論文，一部分是研討會論文，有一篇是翻譯的文章。要想在學術殿堂混口飯，寫文章是基本維生技能，不發表文章就等著回家吃自己。也因此，論文的價值，通常只是遂行某種目的的手段。台灣學界發表的論文數量，位居世界前茅，但品質竟然不如開發中國家。這些論文，大概只有研究生會去查考，一般大眾很難，也不大會去讀，畢竟它們不像書籍，擺在架上，抽放容易，總會有人因好奇拿來翻翻。也因此，一些不太在乎評鑑或升等的學者，已將重心移到寫書。書最能呈現作者的性情與志向，甚至有可能讓人現世得利，後世留名。

當然，我這本論文選輯，學術價值可能不大，但對我而言，卻有不一樣的意義。俗話說「弊帚自珍」，或如台灣人所說「歹子也是子」、「歹子也要疼！」這些文章，每一個字，每一個逗點都是我努力敲出來的；每一個註釋，都是細心查證的，耗費不少體力與心思，就這樣丟棄，不再聞問，於心不忍。如今出版方便，為自己留下一份研究紀錄，見證曾經走過的辛苦路，何樂不為！

但是，還是有一些問題必須解決。首先，論文格式與書籍章節不同，例如註釋等，需要稍作調整，才適合閱讀。其次，論文常要接納審稿委員，或評論員的建議，作些違背自己創作理念的修正，實在是無可奈何，現在有機會把它改回來，呈現原意，這也是令人痛快的事。其三，雖然論文都與民族主義有關，內容其實有點五花八門，為了迎合研討會主題，常有掛羊頭賣狗肉的情形，即題目是一回事，內容又是一回事。藉此機會我作了修正，讓它名副其實。其四，每篇論文都是完整的個體，有其單獨的論述架構，但是將它們放在一起時，會發現有些敘事是相同的，重複的。這也無可奈何，這是論文寫作的通病，除非只有一篇，否則，誰都沒把握不會用到多年前的資料。

另外，這篇翻譯文章，取材自網路，雖然不是嚴謹的著作，仍有其智慧財產權要尊重。我於十多年前寫升等論文時便已翻譯完成，未敢投稿，自是因為未取得授權。如今收入書中，也僅是留作紀念。翻譯是另一種形式的創作，我譯這篇文章的用功程度，不下於寫一篇論文，有很深的感情，於是收入書中，絕對不是要據為己有。

無論如何，對出版這樣一本書，心中仍有些矛盾與掙扎。早已過知天命之年，偶而還是會在意俗世的眼光，善意或非善意的批評。雖然說學術研究的精神是有批評乃有進步，但學者的毛病經常就是過於自大與傲慢。為人處世，自當虛心受教；對於學術見解，要能擇善固執，堅持己見，人云亦云，無法成就志業。出版這本書，最讓人欣慰的是，不用再跟論文審查員吵架，打筆仗；不會讓他們氣到說，「要不要改隨便你，不審了！」當我講述「啟蒙運動時」，最愛引述伏爾泰的名言：「我並不同意你的觀點，但是我誓死捍衛你說話的權利。」對於讀者，我期盼也能有這樣的胸襟。

目次 contents

Chapter 1
從蘇格蘭獨立公投看中國的地方自治——民族主義與國家主義

一、前言

《三國演義》開宗明義寫道：「話說天下大勢，分久必合，合久必分。」分與合是這幾年國際上最熱門的大事，除了蘇格蘭的獨立公投外，尚有克里米亞為脫離烏克蘭倒向俄國的內戰。就當前的國際局勢而言，統一與分裂是個極其重要的政治議題，雖然在歷史上並不新鮮，但因有公投這種新的設計，導致分與合的話題更容易被提出並付諸行動，「公投」於是成為遂行分合現況的途徑。在蘇格蘭進行獨立公投運動之前，國際上藉由公投而獨立的國家有南蘇丹脫離蘇丹、黑山共和國（蒙特內哥羅，Montenegro）脫離塞爾維亞（Serbia），以及由聯合國主持的東帝汶（East Timor）脫離印尼。

訴諸於武力的統獨，歷史上多的是例子，採取和平手段的公投則是近代民主思潮下的產物。公投運動由來已久，但結果並不一定就是獨立。美國領土波多黎各（Puerto Rico）、加拿大領土魁北克（Quebec）都決定留在大國之內，加上蘇格蘭公投失敗，也繼續留在大英國協內。這些事件顯示，分與合這兩股力量一直處於對抗之中，任何一方都沒有必然的絕對優勢。盱衡古今中外歷史，統一與分裂經常輪換，時間長短不一，不管是統一或分裂，都有各自的擅場，很難評論優劣。蘇格蘭與英格蘭結合了304年，共同造就了大英帝國的光榮，但經濟利益的誘惑，還是讓蘇格蘭決定出走（Herman, 2002）。

事實上，在英國的政治格局中，蘇格蘭享有很大的自治權力。除了外交、軍事和稅收等極少的領域，其他事務都是蘇格蘭自己說了算，蘇格蘭議會甚至擁有立法權。但「自治」無法滿足建國的夢想，隨著「獨派」民族黨上台執政，蘇格蘭獨立的聲音愈來愈大。現任蘇格蘭民族黨（SNP）領袖薩蒙德（Alexander Elliot Anderson Salmond）一直有獨立之夢，且為這個夢想奮鬥了半輩子。2011年1月，薩蒙德宣稱要推動2014年全民公決，讓蘇格蘭澈底獨立。此言一出，在英國全境激起軒然大波，但英國畢竟是個老牌民主國家，英國政府表態，不會橫加干涉，尊重蘇格蘭人民自己的選擇。

若蘇格蘭真的獨立，大英帝國可能就此解體，這是一件大事，全世界都在看。對只有500萬人口的蘇格蘭而言，政治評論家普遍認為沒有獨立的條件，小國寡民，不易生存。然而，在民族主義的催情下，極端的聲浪會掩蓋理性的判斷，因此，當公投失敗後，有些人覺得被民族主義騙了。其實，蘇格蘭的分離運動，在第一次世界大戰之前便已開始。二戰後，「獨派」的民族黨逐漸壯大，在1979年時曾推行過一次全民公決，因投票票數不足，沒有通過。工黨重新執政後，在1997年舉行了第二次蘇格蘭下放公投，多數人支持讓蘇格蘭擁有自己的議會。第二年，英國政府公佈蘇格蘭法案（Scotland Act 1998），回復已消失三百年的蘇格蘭議會。新的蘇格蘭議會擁有大部分地方事務的治理權，再加上局部稅率調整空間，這是英國政府對蘇格蘭分離運動所做的妥協。但是，對蘇格蘭民族主義者而言，不會滿足於「自治」，「獨立」仍是終極的夢想。

堅持分或合，結果往往就是戰爭，這不是統治者與人民所樂見的。因此，在分與合，統一與分裂二者之間必須有所妥協。「自治」這種政治形態，是最多數人可以接受的政治現實。自治可大可小，可以是僅具行政權的地方政府，也可以大到如一國兩制。蘇格蘭的「獨立」公投雖然失敗，但蘇格蘭的「自治」模式可以提供其他面臨分與合困境的國家一個參考。

本文有三個議題：首先以蘇格蘭的公投運動作為思考起點，解釋分與合的意涵。在西方歷史上，分與合可能是稀鬆平常的政治運動；在中國，這兩個字帶有強烈的道德觀。中國的知識分子一直未能以客觀公正的心態公平對待這兩種力量，喜歡用「常態」與「變態」的二元論來敘述分與合。在分合運動進程中，民族主義常是背後的動能。「自治」可以當作統一與分裂的一種權宜之計，但是，一旦參雜了民族主義，包括分離主義，分合之間便難有妥協的空間。以是，談分與合，不能不了解民族主義。

其次，舉中西歷史上發生的事件，進一步闡釋統一與分裂的價值與效用。在中國三千多年的歷史中，政治局面有統一與分裂，然而我們習慣上所認知的統一與分裂，是否真的如此。就此而言，不同的學者有不同的想法和計算方式。若統一的時間遠大於分裂，則統一為常態，分裂為變態；反之，分裂為常態，統一為變態。這是相當弔詭的辯證。本文所要強調的是，「中國」是一個浮動的概念，統一與分裂無所謂常態與變態，這都是一種價值判斷。至於西方歷史上的統一與分裂，情形與中國不同。表面上歐洲是個整體，事實上，文化不同，種族不同，所謂的統一都是假象。曾經出現的幾個大帝國，一旦瓦解之後，崩分離兮的局面比中國的分裂更嚴重。西方國家難統一，最大的阻撓因素就是民族主義。西方沒有大一統的思想，但常有結盟運動，，如歐盟，這也可算是一種形式上的統一。

第三，將分合的概念應用於兩岸係。兩岸分治60餘年，統獨論戰未曾稍歇，時而鷹揚，持而沉潛。事實上，這都是政治語言，是被操弄的意識形態。台灣雖曾是「中國」的一部分，但與現今的「中華人民共和國」沒有統屬關係，很難用統一與分裂來解釋。兩岸即使用朝一日「合」了，也不算「統一」，現在的「中華民國」，早已是個國家。統獨涉及的是國家認同，而國家認同又與民族主義有關。近代以來，西方民族國家興起，民族即國家，以建國為目標的分離主義，必然訴諸於民族主義，因此有所謂的「台灣民族主義」的出現。

最後結論，說明蘇格蘭獨立公投對世界的啟示，重點不在分與合，而是哪種制度最適合人民生活。雖然民族主義仍然是一股力量，但已無法操弄國家的統一或分裂。中國政府推行地方自治，因不涉及國家認同，只是權力下放，不會產生太大困難。但像香港或其他有分離主義的地區，就像蘇格蘭一樣，自治的結果往往就是「獨立」，香港人民不過就爭個普選領導人，竟會如此困難。問題不在民主制度，問題是名稱，萬一「香港特首」變成「香港總統」，這才是令中國最害怕的事。

二、分合的意涵

在中國幾千年的文明史中，統一與分裂交替出現，至於該視「分」（分裂）為常態，或「合」（統一）為常態，這可能不只是一個歷史研究的問題，恐怕涉及民族主義與意識型態的較勁。對中國近代知識分子而言，幾乎都有分合情結，尤其面對當前的局勢，對「中國」以及「中華」民族該如何發展，兩岸關係該何去何從，始終沒有「共識」，一個中國、一國兩制，不單純只是一種制度，其門涉及更複雜的情感，是「統一」與「分裂」的爭議，是分與合的辯證，是常態與變態的道德。

受到傳統政治文化中「大一統」和「正統」思想的影響，統一往往被視為歷史發展的常態，分裂則被視為變態。在這樣的意識型態下，分與合便無法被均等看待。1994年7月13-15日，聯合報系文化基金會，結合中央研究院歷史語言研究所、近代史研究所、台大歷史系、師大歷史系與政大歷史系，在台北市中央圖書館盛大舉辦一場學術研討會，名為《中國歷史上的分與合》，受邀的學者專家分別來自美國、香港、新加坡、中國大陸，超過二百人，另外還有50名歷史研究所的學生以「觀察員」的身分與會，氣勢空前盛大。會後由聯合報將論文集結出版，此書成了歷年來討論中國歷史分合必備的參考書。

時勢在變，人心在變，分合的概念也在變。歷史有太多不確定的因素，分與合沒有必然的邏輯，或者說，在分與合之間，是否可以有第三種選擇？2009年10月《遠見雜誌》有一篇專刊，由社長高希均撰寫，兩岸六十年的「分」與「合」（高希均，2009），提出了「合作」的概念。六十年來的兩岸絕大部分時間是在分開、分裂、分治之中。面對各種爭論，「擱置爭議」是最明智的決定，這樣才能從「分裂」的死胡同走向「合作」的陽光大道。但是，問題似乎沒有這麼簡單，在兩岸分治的這六十年中，知識分子最怕去觸動的一根心弦就是民族主義。

1992年8月7日龍應台曾在《中國時報》副刊上發表了一篇題為中國，中國，中國的文章，主要探討中國知識分子對自己國家的狂熱和沉溺。她以自己的親身經驗，發現中國知識分子對自己國家的專注可以狂熱到「中國就是世界，世界就是中國，除了中國以外甚麼都不存在的地步」。2009年龍應台出版《大江大海一九四九》，透過個人小歷史，導讀大時代。書甫出版，立刻成為暢銷書。龍應台說：「我以失敗者的下一代為榮！」「正因為這些失敗者匯聚在台灣，慢慢發展出一種遠離戰爭、國族的價值觀，一種溫柔的力量」；「這才是文明的價值」。龍應台的話，有人不同意，但任何人都必須正視「台灣民族主義」與「中國民族主義」的矛盾。民族主義改變了分合的結構，要擱置分合的爭議，首先得排除民族主義的情緒。

政治上的分裂與統一，主要取決於外在的環境因素。但是，以中國的歷史為例，有更多的內在因素，在治亂分合循環交替的過程中主宰中國的命運。近代以來，中國的「分裂」與所謂的「外族」總是脫離不了干係。鴉片戰爭、甲午戰爭、八國聯軍，割地賠款，喪權辱國，莫此為盛。領土的不完整，政治上的對立，乃至於內戰頻仍，都使知識分子渴望國家統一。追求國家統一與強盛的心願，匯集成一股新的民族主義，對外，用來凝聚向心力；對內，用以壓制任何形式的分離主義。

2005年3月14日中國通過《反分裂國家法》，國際輿論普遍認為中國有權宣示其統一的合法權力。就目的而言，這個立法當然是針對「台獨」而來，但同樣適用於其他的分離運動。因此，當我們在討論分與合時，必須正視民族主義這股力量，它是主觀的意志，即便外在的環境有合的需求，但「族裔」的分離主義也從未消失過，中國歷史如此，世界歷史也是如此。

分與合意味著國家認同，談國家認同就不得不面對民族主義。民族主義是一種介乎文化與學術之間，又介乎傳統與現代之間的情感。民族主義的研究與討論，是中國知識分子當前最重要的一個課題（劉青峰，1994）。我們都知道，民族主義的類型很多，「春秋大一統」只是其中之一。但即便屬於統一的民族主義，也分文化民族主義與政治民族主義，二者的訴求不一樣。大抵上，只有政治民族主義才會激烈主張國家統一。隨著中國崛起成為世界大國，中國民族主義也獲得發展。面對這樣的局勢，自由主義知識分子呼籲，希望中國在談夢想與昌盛時，不要利用民族主義，要用文明的力量來對待週邊民族。當然，民族主義不是非要不可，但在分與合的時空中，在常態與變態的角力中，任何人都無法丟棄民族主義，包括統一的民族主義與分離的民族主義。

三、中國歷史上的統一與分裂

中國歷史上的分與合，在現今看來，是歷史發展的必然進程。除政治上之分與合外，還有社會、經濟、文化上之分與合。「分」與「合」只是相對應之詞，各有其利弊，若不具備分合的條件，靠武力未必能成其事。翻開中國歷史，其分合發展趨勢頗具特色。夏、商、周三代，小邦林立，史稱「禹之時天下萬國，至於湯而三千餘國」；周初分封，「凡一千八百國，布列於五千里內」。這是小邦、封國時代，都先後統屬或臣屬於繼起的夏、商、周三個中央王朝，形成了中國最早的大一統格局。

此後，從春秋戰國到清代前期，中國又先後經歷了三次從大分裂走向大統一的發展歷程：第一次是從春秋戰國走向秦漢大統一；第二次是從三國兩晉南北朝走向隋唐大統一；第三次是從五代十國、宋、金、遼走向元、明、清（前期）持續三代的大統一。總之，似乎在中國歷史的發展進程中，統一一直是普遍的趨勢。根據中國歷史世系表來看（楊碧川，1986），中國歷史統一時期較長且超過百年者，有夏朝、殷商、西周、西漢、東漢、唐朝、北宋、明朝、清朝；其統一時期較短不及百年者，以秦朝、新莽最短，次為隋朝，西晉，元朝，其中除新莽係纂漢得國外，秦、隋、晉三朝，皆承分裂時期之後。

中國歷代分裂時期較長並超過百年者，以東周（含春秋、戰國時代）最久，次魏晉南北朝（含三國時代、東晉十六國、南北朝），宋遼金朝（含北宋初年、遼夏金、南宋）；其分裂時期較短不及百年者，以楚漢之爭最短，次唐朝初年，東漢初年，元末明初，清朝初年，五代十國，都處於前後兩個統一時代之際，亦即由前一個統一時代，轉化至後一個統一時代之過渡階段，為期少則僅數年，多則數十年而已。

整體而言，除前三時期（包括五帝傳疑時代、夏朝、商朝）外，合分交替循環，大多合長分短，合分比率，平均大約三比一。雖然說符合羅貫中的「合久必分，分久必合」的歷史趨勢，但這種循環論太粗糙，分合之間並沒有可依循的邏輯，尤其對於分合的時間更是無法預測。更重要的是，這種依據政治體系所形成的分合定義只是一般人的認知，學術界普遍有不同的理論。

一般人對於分合的認知大抵是這樣的：當中國境內同時存在二個或二個以上政治實體（不論大小），彼此互不統治管轄時，即屬於分裂狀態；反之，僅存在一個有效行使獨立主權之政治實體，其統轄範圍遍及全中國，無論其國體、政體形態，統治者為漢族或異族，均為統合或統一狀態。

這是一般人的認知，大陸學者葛劍雄在2008年時出版了《統一與分裂——中國歷史的啟示》（葛劍雄，2008），提出不同的看法。其結論太驚人，因而造成軒然大波。作者長時間思索中國的統一與分裂，在該書中，未依慣例用王朝起迄來定統一的終始。書中對「統一」是這樣定義的：「統一是指國家之間或政權之間，一個國家或一個政權內部在政治上的一致、集中及結合為一個整體，而不是民族、語言、風俗、經濟、思想、宗教、血統甚至地理環境等等的一致性或整體性。」依照這個定義，葛先生將不統一的時期全都認為是分裂的。因此，在中國的歷史上分裂的時間遠遠大於統一的時間。

從全書的論述看來，分裂是對統一而言的，如果沒有統一，也就談不上分裂。已經統一了的政權變成幾個，或原來屬於該政權的一部分脫離了，獨立了，可以稱為分裂。但從來就存在的、不屬於該政權的地區或政權就談不上是什麼分裂。葛書第二章在論述中國歷史的分合大勢後得出一個結論，如果以歷史上中國最大的疆域為範圍，統一的時間是81年。如果把基本恢復前代的疆域、維持中原地區的和平安定作為標準，統一的時間是950年。這950年中有若干年，嚴格說是不能算統一的，如東漢的中期、明崇禎後期等。

顯然，這個結論不符合一般的常識，尤其是對那些抱持「春秋大一統」思想的人而言，倘若國家的分裂是常態，統一是變態，那「中國」一詞就變得毫無意義了。我們今天講中國歷史上的統一和分裂，有我們特定的概念，與當時的人未必一樣。何為分，何為合，一如「中國」的概念，都是浮動的。中國的疆域在浮動中，分合也在浮動中。我們討論的是昔日的天下，但面向的卻是未來的世界。未來的世界，「統一」仍是較為理想的態勢，問題只在用什麼制度來實現統一？如何統一？統一到什麼程度？

四、西方歷史上的統一與分裂

許天田（Victoria Tin-bor Hui）於2005年出版了《古代中國與早期現代歐洲的戰爭與國家形成》（*War and state formation in ancient China and early modern Europe*）（Hui, 2005）。該書解決了西

方學術界一個多年來沒有解決的難題，一經出版，立即榮獲美國政治學會年度最佳圖書獎。這本書的結論是：「中國統一、歐洲分裂，都不是必然的、命定的，都是偶然的、人為的。」以中國和整個西方來比較，未必恰當，但若是以歐洲大陸來看，彼此之間倒是有些值得觀察的共通現象。中國與歐洲，面積差不多，一樣有過幾百年的爭霸歷程，但最終的結果卻截然不同。

歷史上，歐洲未能像中國那樣實現統一，歸納起來大概有兩個因素：

（一）地理因素

地理因素是最初的基因，由此而來的是經濟形態基礎。歐洲的地形與氣候，不像中國那樣，很早就實現「以農立國」。因為農耕經濟的發展，穩定有秩序的社會在中國得以發展起來；歐洲不一樣，地中海地區在地理形態上支離破碎，雖然利於航海商業的發展，卻無法發展出發達的農耕社會；而北歐的氣候，在很長的時間內也不利於農業耕種的發展。

（二）文化因素

歐洲的地理環境，某種程度上決定了文化基因的形成。例如文字形態與語言系統，是分裂局面的重要因素。作為象形文字的漢字，直到唐朝都是東亞唯一的文字，它是東亞文化傳播與民族融合的基礎。因此，不管是統一時期還是分裂時期，中國民族文化的發展特點都是以「融合」為主。而歐洲是字母文字，雖然有基督教與拉丁文，但字母文字的必然分化，使歐洲的語言與民族差異愈來愈大。最後，到「民族主義」出現時，統一的基礎就愈來愈弱了。

可以說，地理基因、農耕基礎與文字系統，是決定中國統一與歐洲分裂的根本原因。換句話說，擁有同一的農耕經濟基礎、強大的主體民族、以及統一的文化體系，是某個地區能夠最終統一的前提。那些靠武力維持一時強盛的大帝國，無論是橫跨亞歐非的亞歷山大帝國、羅馬帝國、阿拉伯帝國、奧斯曼帝國，還是空前強大的蒙古帝國、大英帝國，最後都樹倒猴孫散。

分析這些大帝國之所以崩解的原因，可以從以下四個方面來理解。

1.思想

西方各國的思想很活躍，但從未產生如「儒家思想」一樣的龐大體系，並被統治階級認可、運用，使其融入民族的血脈之中，形成特有的民族性格。思想上不統一，國家結構就很難統一。

2.民族同化力

中華民族是漢民族與各少數民族融合所形成，其中不乏被漢民族同化，消失不見的民族。西方列國則缺乏大民族融合的意識和過程，長期處於大分裂，小融合的狀態。

3.文化

西方歷史上曾有過幾次文化浪潮，但最終都沒能合成一股主流。中國不同，五千年左右的文化有著很強的傳承性、相容性。分只是國家政治上的暫時分裂，作為民族靈魂的文化則從來就沒分裂過。

4.戰爭

在西方列國中不會有一個「老大哥」來主持局面，例如：英法之間的百年戰爭，沒有人是勝利者。戰爭，這個人類又愛又恨的行為，對西方列國在某個歷史階段上的統一，沒有發揮促進作用。而中國或者說是中原，多次在戰爭的手段下獲得「統一」的結果。因此，就中國而言，可以說「合久必分，分久必合」；對西方各國而言，則是「久分難合」。

就地理上來說，歐洲是個整體的概念；就文化來看，卻是分立的，其歷史發展趨勢與中國差異甚大。中國歷史趨勢屬於開展式的，最先從某一狹小地區拓展到廣大地區去，再從廣大地區推拓到較狹小的地區，從高燥地帶推拓到低濕地帶，從寒冷地區推拓到溫暖地區。此一不斷的推拓過程，即自北方黃河流域推拓到南方長江流域，再推拓到更南方的珠江流域。西洋歷史是轉動式的，自小地面轉向大地面，自低地轉向到高地，自溫暖地區轉向到寒冷地區。一部歐洲史從希臘開始，轉向到羅馬義大利半島，又轉向到西班牙、葡萄牙，再轉向到荷、比、英、法諸國，再轉向到德意志，然後再轉向蘇俄，在地理區域上不斷輪轉。

就宏觀的角度來看，歐洲的歷史不適合從「統一」的脈絡來思考。但是若以小區域的個別國家而論，許多國家都曾出現分合的過程，其中最著名的當推德國。1990年戲劇性的東西德統一，不僅是德國與歐洲政治的重大事件，也是世界政治的重要分水嶺，因為它標誌了戰後長達45年的冷戰對抗結束，同時隨著蘇聯瓦解，東歐共產集團崩潰，並尋找轉型自由民主的市場經濟體制，自本世紀最後十年期起，國際體系進入另一嶄新的歷史階段。「德國問題」與歐洲的和平秩序有密切的關係，許多學者紛紛著書立說，探討德國的民族建國，權力擴張、戰敗、外來強權佔領、分裂而漸趨茁壯，乃至統一的歷程；並從德國力量的消長及歐洲、全球國際體系的權力變動，探究德國對外政策的變遷和延續性（洪丁福，1994；吳友法，2005）。

對德國人而言，「統一」是個歧義字，因此，有一段時期，學者不知該用「統一」或「再統一」。1871年1月18日，普魯士首相俾斯麥成功統一了多個德意志邦國，建立了德意志帝國。由這個時間開始，所有德意志邦國都能被統一稱為「德國」。1945年「大德意志帝國」（Großdeutsches Reich）瓦解，德國被瓜分，最後形成東西德的局面。經過45年的分治，1990年10月3日東德（德意志民主共和國）加入德意志聯邦共和國（西德），兩德宣布正式統一。針對德國的統一，無法單純從經濟的角度來衡量好或壞，其間參雜著很多心理因素。德國柏林自由大學退休教授Helmut Wagner評論德國統一的原因，以「利益、偏見、意識型態」作為副標題（Wagner, 2009），文章顯示，很多政治領袖和菁英知識分子不支持兩德統一。

德國統一已經過二十幾年，相較於45年的分治，還有一段差距，現在就來論斷結果，可能太早。畢竟，德國曾是個主宰歐洲的大國，其未來發展有可能再度影響歐洲各國的命運，因此，全世界都在看，尤其是南、北韓，中國與台灣。德國的分合，有象徵的意涵，也有現實的考量。南北韓與東西德的情況較接近，其分裂是外力所造成，一旦外力因素消失，民族主義凝聚，統一是早晚的事。但中國與台灣的情況不同，除了生活形態的選擇外，還有國家認同的問題。即便訴諸民族主義，也分台灣民族主義與中國民族主義之分。前者導致分離主義，後者促成國家主義，這兩種意識形態決定分與合。兩岸關係、西藏問題、新疆問題、香港占中，都是民族主義與國家主義的拔河，須等一方放手才能定輸贏。

五、統獨論戰與民族主義思考

將「分」與「合」的概念應用到當前台灣與中國的關係，所要呈現的歷史結果不外乎「獨立」與「統一」。獨立意指台灣脫離中國的意涵，自成一個國家，統一則可能有很多種形式，有可以比較抽象的「一個中國」架構，或是「一國兩制」，或是「兩岸一中」。這一類的政治術語太多，學理的論辯多於實務的操作，多數人民不易了解。三、四十年來，相關的統獨論戰（王曉波，2002），時而激進，時而沉潛，有時候泛濫成災，有時候又引不起人民興趣，大抵而言，結果仍是回到原點，各種爭論意見，始終未能超越「立場宣示」的層次。

統獨議題涉及國家認同，國家該如何界定，就成了統或獨的立論依據，談論國家認同問題最常見的理論途徑正是民族主義的思維。「民族主義」一詞來自西方，近代「民族國家」的興起，國家被定義成「由同一個民族（或主要由一個民族）所構成的政治共同體」（羅志平，2005）。因此，無可避免的，國家認同必然與民族意識或民族主義關聯在一起。近代以來，知識界在討論國家認同問題時，或多或少都以西方理論為基礎，當然，也有人堅持西方的概念不適用於中國，如孫中山所講，「民族主義就是國族主義，在中國是適當的，在外國就不適當」（黃彥，2006）。民族主義不只是中外有別，對孫中山而言，民族主義的內涵在辛亥革命前後也不一樣。英文的「national identity」，可以譯成「國家認同」，也可以譯成「民族認同」，對西方的「民族國家」而言，「民族」與「國家」不會產生抵觸，但是在中國，學術界常被搞得焦頭爛額，迄今沒有妥善的解決方案，只要民族與國家的理念難分難解，統獨的爭議就沒完沒了。

在「中華民族」的歷史脈絡下，統一是「自然而然」的命運，但是，如果台灣不是中華民族，那又是另一種結局。史明在《台灣人四百年史》一書中，以台灣人在這塊土地上的奮鬥過程，建構了一個「台灣民族」。對他而言，所謂的「台灣民族主義」就是「渴求台灣民族的獨立與解放，主張其民族利益，並關切其民族的命運與前途」的理念（史明，1980）。延續此一指導原則，施正鋒解析台灣的民族主義，認為在政治面向中，有三個互相競爭的途徑，他的結論耐人尋味：對真正的台獨信仰者而言，是否願意張臂接受真正揭櫫台獨的外省人？（施正鋒，

2000：68）

事實上，不論是「中華民族主義」或「台灣民族主義」都面臨一個困境，即民族主義理論中關於「外人」（others）的問題。「文化民族主義」者相信在同一文化體系傳承下，會自然形成一個歷史民族，這種民族主義最為人們熟知，是最普通形式的民族主義，一般人談到民族主義就是指這種民族主義（郭洪紀，1997）；「族裔民族主義」（ethnic nationalism）強調民族的血緣關係，安東尼·史密斯（Anthony Smith）曾詳細解釋「族裔」（*ethnie*）一詞的意義（Smith, 1998:16）。他認為族裔不是「原生的」，族裔一旦形成後會有其「持久性」，但外力如戰爭、征服、移民，會改變「族裔性」，導致族裔認同的改變，族裔其實具有自我更新的能力。

民族主義具有強烈的排他性，「選民」（chosen people）的概念讓民族主義變得沒有包容性，不同的意識型態凝聚不同的人群，原本「others」與「ours」所區隔開來只是族群，但最後卻導入敵我的觀念。「選民」是民族主義的核心價值，缺乏這種神話，或者未能將之注入人民心中的族裔，一旦失去自治時，便容易被別的族裔吸收或吞併（Smith, 1991:35-7）。這是任何「統一」的風險，也可能就是堅持「獨立」者的憂慮，唯有審慎解決這種心理因素，合與分才能找到可以對話的介面，否則永遠是「雞同鴨講」，最後的解決辦法只好訴諸外力——戰爭與征服。

余英時在中國歷史上政治分合的基本動力一文中強調，政治層面之分合，係表象而非實質。在政治分合的背後，往往有著文化、經濟及社會力量在發揮作用。無論分或合，因素都很複雜，例如：外族內徙、世族興起、自由思想、民間文化、地方主義、社會階層等離心勢力之發展，都會造成長期政治上之分裂；相反地，民族、文化、社會之融合，經濟、稅收重心之轉移，「征服王國」之崛起，達到動態的平衡時，也會導致政治上之統一。

統一與分裂是兩股同時存在且相互對抗的力量，在彼此拉扯中，不必然會勢均力敵，但大致上維持一種動態平衡。在統一時期會有主張分裂的思想和行動，反過來也是如此。如果統一與分裂各在光譜的兩端，很難將最終的結果定位在哪個點上。舉例而言，歐洲的統一是要回到拿破崙時代，或是羅帝國時代；中國的統一，疆界要以何朝代為準。另外，究竟該包容多少民族，才能符合統一的範圍？辛亥革命前排滿，革命成功之後五族共和，未來呢？這個令人困擾的問題，讓人想到葛爾納（Ernest Gellner）對民族主義的定義：「基本上，民族主義是一種政治原則，主張政治與民族的組成單位必須一致。不論民族主義是一種情感或政治運動，都可以依照以上的政治原則加以界定」（Gellner, 1983:1）。葛爾納只說對一半，即追求統一的民族主義，被葛爾納忽略的另一半（分離的民族主義）其實才是我們要探討的。布宜利（John Breuilly）在論民族主義與國家時說：「民族主義是一種寄生的運動和意識型態，由它所反對的東西來決定它的性質」。因此，我們得設法了解民族主義要什麼？反對什麼？

民族主義促成了德國和意大利的統一，但是同樣的這種熱情也導致原先在奧匈帝國、土耳其帝國和其他這類帝國下的少數民族群體要求自治或獨立。理由各有不同，包括地理位置、語言、文化、習俗、利益，甚至連可能根本不存在的「種族」都派上用場。民族主義是雙面有刃的劍，統一與分裂的意識型態相生相剋，當整合的民族主義（integrative nationalism）成為一股力量時，分裂的民族主義（disruptive nationalism）也隱然成型。世界各地都有分離主義的氛圍，存在分離主義運動的國家也多到說不清，基本上，以民族主義作為訴求的分離運動，會以改變現行的政治結構作終結。

在所有的分離運動中，政治分離主義最為棘手，因為涉及到主權獨立及領土的重新劃分，或某一群人的割離。分離主義團體通常將分離主義一詞當成輕蔑用語而摒棄不用，較喜歡使用如民族自決等較中性的名詞。以加拿大的魁北克（Québec）為例，因為官方語言是法語，北美法語人口主要集中在此，因而感覺上他們與加拿大的民族不同。從1980年代開始，魁北克省就主權問題舉行了數次公民投票，反對獨立的佔多數，但是主張獨立的人仍不放棄建國，2006年加拿大國會通過一項動議，讓魁北克人成為統一的加拿大中的一個民族。因為英文的「nation」，是「民族」也是「國家」，這讓部分魁北克人有了獨立了的感覺。

另一個比較極端的例子則是科索沃（Kosovo）。科索沃是塞爾維亞共和國南部的一個地區，1999年被國際社會接管，成為了聯合國的保護地，2008年2月17日，自行宣佈獨立。科索沃單方面的宣布獨立，不但未獲國際社會廣泛承認，原先擁有該地區統治權的塞爾維亞政府誓言絕不放棄科索沃的主權。雖然口頭上保證不使用武力，但是已準備採取多項制裁措施，科索沃的前途難料。塞爾維亞拒絕承認科索沃獨立，俄羅斯更指科索沃未經聯合國授權下獨立，違反國際法規定，此例一開，會令車臣等地區仿效，爭相宣佈獨立，令「凍結了的衝突」再度爆發。另外，有很多國家暫時不會承認科索沃，包括中華人民共和國、賽普勒斯、希臘、羅馬尼亞、西班牙等，這些暫不承認科索沃獨立的國家在其國內大多有分離主義運動，因此擔心承認科索沃獨立後會助長國內的分離主義運動。

歐洲國家的新民族主義運動傾向於師法舊民族主義，除了破碎不完整外，排他性當道。「分裂生殖的民族主義」（fissiparous nationalism）正好反應這種意識型態，以小型的民族作為最終的政治經單位（Snyder, 1968:65-8），就像蘇格蘭一樣。誠如史奈德（Louis L. Snyder）所言，民族主義就像宗教，可以有各種不同的形式，每個國家或地區的民族主義都有自己的特色。但是，這是指文化的民族主義，不涉及國家的意涵，一旦以國家統一或獨立作為民族主義運動的終極目標時，就變成政治的民族主義，全世界的政治民族主義幾乎沒有不同，武力干預往往是不可避免的手段。以族裔的民族主義作為分離運動的核心價值，從歷史的發展來看，大都以失敗收場。一方面是民族底下尚有次民族，而且，沒有「純種」的族裔。世界上有很多無國家的民族（Guibernau, 1999），民族的總數量遠大於國家的數量，這說明有太多民族不具備建國或獨立的條件。

民族主義不是統一與分裂的主要動力，統一的民族主義，從另一方面看也是分離的民族主義。卡曼卡（Eugene Kamenka）說，歐洲只有一種民族主義，那就是「政治民族主義」（Kamenka, 1976:3）。卡曼卡沒有說在歐洲之外是否有文化民族主義，如果民族主義是源自西方的概念，我們似乎必須從西方的歷史來理解民族主義的真實內涵。中國歷史上之分合有很多動力，但都與民族主義無關，因為當時並沒有現代意義的民族主義。近代以來，民族主義向來被用於對抗外侮，嚴格說來是一種愛國主義，因此，以文化民族主義作為統一的藉口是虛，以族裔民族主義作為分離運動的理由也是虛。換句話說，民族主義是一種可以被操弄的情緒，不必然存在，也不必然可用，決定國家分合真正的動力是政治力。

六、結論

南韓國立首爾大學特聘講座教授朴成祚，採證了東西德統一前後巨大的經濟、社會和心理差距，並引用了德國人觀察北韓後的真實觀感，寫了一本書，書名相當震憾，叫做《南北韓，統一必亡》（朴成祚，2006）。作者不僅用經濟數據說明統一後的德國是多麼失敗，也探索東西德不同制度、文化所造成的心理分裂，發現原來彼此如此不同。因此他認定對於在不同的理念下分開來生活半世紀的南北韓老百姓，他們之間已經有又厚又高的牆壁，韓國政府與媒體對統一的幻想在整個社會上導致誤解，過度強調民族情緒，以致看不清統一的真正問題。如果統一必亡，南北韓必須另尋可以共生的統一之道。這就是我們所說的另一種選擇。

世界上沒有任何兩個家是相同，因此，我們可以說台灣的情形不同於德國、韓國，不同於魁北克、科索沃，也不同於新疆、西藏，但問題終究得解決。該如何解決，除了分與合之外，有沒有其他的選擇？從蘇格蘭的公投來看，「自治」似乎是可行之路。只是任何自治都潛藏著巨大的危機，即有可能走向「獨立」。以中國大陸而言，地方自治既是民主的思潮，也是提升政府效能必然的趨勢。香港問題其實不難解決，即便是「真普選」也不致於走向「獨立」，此處沒有「國家認同」問題，沒有民族主義問題。中國政府最在意的便是國家認同，「一國兩制」重點在「一國」，至於何種「制度」，都有談判的空間。新疆與西藏不適合實施完全的自治，因為分離主義大於國家主義，在這些地方，「中國」是一個不被認同的概念。

台灣與新疆、西藏情形不同，也與香港問題不同。台灣與中國大陸的關係，不適用於統一與分裂的二元論。雖然台灣這塊土地曾是「中國」的一部分，但與現在這個中國政權並無關係，兩者不曾合過，哪來分？原本就是兩個互不統轄的政治實體，即使要合，也不能視為一種「統一」。事實上，以今日兩岸的發展來看，若可以拋開政治語言，單就文化、經濟、語言等的同一樣而言，它的一體性絕對大於歧異性，合的成份大於分的成份。

分離主義一旦與民族主義結合，任何「地方自治」都不可能。在分與合的運動中，族群是一個最容易被操弄的議題，如同蘇格蘭的獨立公投，在外人看來，這是英格蘭與蘇格蘭兩個民族的問題，其中也著實看到民族主義的影子。但政治評論家分析，蘇格蘭人民想要獨立，背後真正的動因經濟的考量，民族或民族主義其實只是假象。經濟作為可以激發國家分裂，也可以促成國家或區域的統一，例如歐盟與歐元，經由共用貨幣作為某種形式統一的基礎，兩岸的ECFA其實也有這樣的意涵。但是，分離主義或獨立運動向來就不是因為經濟，換句話說，經濟生活的訴求阻止不了分離運動。

然而，民族主義也未必就能完全操弄分裂與統一，經濟狀況、社會制度、生活狀況，更重要的是一種被稱為「尊嚴」的心理素質會被無限放大，再經由網路媒介宣傳，引發分與合運動。對政治菁英分子來說，發動一場革命運動已沒有想像中的困難，「茉莉花革命」隨時都可能發生。換句話說，分與合的態勢都難持久，重點不在分與合，是制度，哪種制度最適合人民生活，人民就會去爭取。

蘇格蘭公投雖然失敗，但它樹立了一個典範，告訴世界各國政府與各個有分離主義傾向的地區：追求獨立不代表動亂或非得內戰，未必是顛覆國族神話的大逆不道，不一定要付出拋頭顱、灑熱血的代價；追求獨立可以非常知性、理性，透過條分縷析、深入淺出的舉證與論辯，促使民眾做出深思熟慮的決定。公投失敗蘇格蘭，會繼續維持自治，但想要獨立的民族主義不會因此而消失。中國沒有英國的肚量，敢讓新疆、西藏、台灣、香港公投。在中國，沒有國家認同的地方自治，是一種權力結構與分享，早晚可以實現，但是若存在著分離主義與民族主義，自治便會有獨立的風險。沒人可以擔保，香港真普選後，「特首」名稱會不會變成「總統」。「香港總統」與「台灣特首」，這兩種身分的人，有朝一日會不會出現？有人期待，有人害怕，但也有人會認為，這也未必是壞事，而這正是我們要討論的議題。

Chapter 2
民族主義與兩岸關係——保釣運動的虛與實

一、前言

1969年，一份由聯合國亞洲及遠東經濟委員會所作的報告指出，釣魚台群島附近可能有巨量的石油蘊藏。這份報告重新挑起台灣、中國、日本之間長達四十餘年的政治爭端。有關石油鑽探等經濟議題反而被擱置，甚且被遺忘。而釣魚台主權之爭，乃至於台灣國際地位的適法性卻不斷地被端上檯面檢視與爭論，有些台灣人甚至主張聯合中國大陸或所謂海外華人爭取釣魚台主權，造成許多台灣人國家認同混淆不清。這種現象雖然經過了四十年，但情況似乎沒有太大改變。

剖析這個歷史事件的發生、後續及其影響，不難發現民族主義是兩岸關係發展的一個重要因子。釣魚台所涉及的主權議題，關係到台灣的定位。釣魚台本身的經濟價值並不重要，它可能只是個虛的議題，主權的宣示與國力的展現才是背後的目的。只是，對台灣當局來說，這卻是一個燙手山芋，接也不是，不接也不是，保釣運動顯然已經變成兩難困境。保釣運動的力量來自民族主義，偏偏這種民族主義相當曖昧，可以被解釋成台灣民族主義，也可以擴大成中華民族主義。民族主義被用於保釣運動，同樣，民族主義也被用於兩岸關係。

民族主義是個舊話題，相關的研究已經汗牛充棟，中共政權一直操弄民族主義，也早已眾人皆知。但是，最近一次的保釣運動讓中華人民共和國進一步將民族主義加以落實，也就是說，民族主義不再只是一種口號或情感，它已升格到武力的使用。這個態勢意在警告，台獨已沒有發展的空間。中華人民共和國對一個爭議中的小島尚且不願退讓，如何會讓台灣脫離而去。因此有人認為，中共在釣魚台爭議上的動作大有「項莊舞劍，志在沛公」的味道。

本文試著從歷史的角度，解析釣魚台問題的產生，並且略述歷次保釣運動的內涵與功過，進而以民族主義和國家認同來說明兩岸關係發展的利與弊。近代以來，有人利用民族主義來統一國家，也有人利用民族主義另建國家。民族主義與分離主義是相對的兩股力量，兩岸關係的發展，可以說就是這兩股力量在較勁。當分離主義抬頭時，民族主義便會昂揚；當民族主義過度膨脹時，便會有人倡議國際主義。兩岸三地的發展，必須妥善平衡這兩種情感，對台灣人而言是如此，對香港居民亦是如此。

二、釣魚台之歷史與法理爭議

（一）名稱由來

釣魚台列嶼位於東海南部、台灣東北部、中國——琉球界溝西北側、琉球沖繩諸島以西、八重山列島以北的島群。其因各地習慣而有不同的名稱，中國大陸稱為釣魚島及其附屬島嶼，日語稱為「尖閣諸島」，琉球語則稱為「魚釣諸島」。在官方文件中，該群島在台灣稱作「釣魚台列嶼」；中國大陸的官方新聞稿有時寫成「釣魚島及其附屬島嶼」；在民間和傳媒中，「釣魚台」及「釣魚台群島」均可泛指整個釣魚台列嶼。「釣魚台」既可以僅指主島，有時亦可指全部群島，其中主島「釣魚島」在日本稱為「魚釣島」。

中國歷史上有關釣魚台島的最早文獻，至少可上溯至明朝永樂元年（1403）的《順風相送》，稱該島為「釣魚嶼」。其後文獻及官方輿圖亦採用「釣魚嶼」名稱，見諸如明朝嘉靖十三年（1534）第十一任琉球冊封使陳侃所著《使琉球錄》、嘉靖四十一年（1562）浙江提督胡宗憲幕僚鄭若曾編纂之《籌海圖編》、清乾隆三十二年（1767）乾隆皇帝欽命繪製之《坤輿全圖》，台灣沿用「釣魚台」名稱至今。中國現代則稱該島為「釣魚島」，有時也用「釣魚台」的名稱。

1845年，英國海軍調查該島時，海軍軍艦三寶壟（Samarang）艦長愛德華・卑路乍（Edward Belcher）首次採用「Pinnacle Islands」一詞，意為「尖頂群島」，形容頂峰呈教堂尖頂狀的南小島和北小島。1900年，日本人黑岩恆把英語的「Pinnacle Islands」翻譯成日語的「尖閣諸嶼」。然後，黑岩恆再把釣魚島、黃尾島和這個「尖閣諸嶼（不含釣魚島和黃尾島）合在一起命名為「尖閣列島」，此名與「尖閣諸嶼」很容易混淆。後來，日本政府又把赤尾島加進去，命名為「尖閣諸島」。

在國際間，中方的譯名常翻譯成Diaoyu Islands、Diaoyutai Islands、Diaoyutai、Tiaoyutai、或閩南話Tiò-hî tó，但以Diaoyu Islands的使用率最高。日方譯名則寫成Senkaku Islands。台方譯名則寫成Diaoyutai Islands或Tiaoyutai Islands。英文傳媒報導中日糾紛時，大多媒體將Diaoyu Islands和Senkaku Islands兩詞並列使用。

（二）主權爭議

1895年1月14日，中日甲午戰爭已接近尾聲，日本內閣會議突然決定，聲稱釣魚台為「無主地」，意圖將釣魚台正式劃入日本版圖，並且要在釣魚台建立國標。但該內閣決議並未有任何文件遺留，該決定也未由天皇簽屬佈告。而且，該內閣決議後日本也沒在釣魚島實地建立國標。1895年4月17日，中日雙方簽定《馬關條約》，條約中註明將「台灣全島及所有附屬各島嶼」割讓與日本。

日本是在雙方簽定《馬關條約》後才將釣魚台納入沖繩石垣村管轄。有關釣魚台是否為無主地及是否透過《馬關條約》被割讓一事，中日雙方存在尖銳矛盾。中方認為，無論《馬關條約》割讓者中是否包括釣魚台列嶼，第二次世界大戰日本戰敗、《馬關條約》廢除後，日本都應遵其無條件投降所接受的《波茨坦公告》，和《開羅宣言》將釣魚台列嶼歸還與中國（時由中華民國政府所代表）（張啟雄，1993）。

1951年日本與美國等48國簽定《舊金山和約》，授權美國托管琉球群島。時值國共內戰暫告一段落，中華民國政府遷往台灣，中共政權在大陸成立不久，韓戰爆發，作為戰勝國的中國（無論是中華民國政府或中華人民共和國政府）和蘇聯被排除《舊金山和約》協簽之外，更未參與簽署承認或批准。中華人民共和國政府在1951年9月18日發表聲明指出該和約的非法性，並沒簽署文件認同二戰後把釣魚島主權授予日本（賈宇，2010）。

1955年間中華民國國軍一部自大陳島撤退後，曾於釣魚台短暫駐軍，當時中華民國與日本國尚未斷交，並未有任何國家提出異議或透過其他正式外交途徑抗議。自二戰後，兩岸對釣魚台的地圖標示仍相當混亂，均未有將釣魚台納入台灣境內，釣魚台的標示採用「尖閣諸島」等名稱。

中華民國教科書與地圖直至1970年以前，皆標示釣魚台為琉球列島，由美國民政府托管。中華人民共和國1956年第一版中國分省地圖，和1962年第二版均在地圖中說明：此地圖是「根據抗戰時期或解放前申報地圖繪制」。反映中華人民共和國經歷國共內戰等事件後，還沒有能力對全國領土進行勘查，這些資料均被日方視為支持釣魚台作為日本領土的證據。

迄至1969年於釣魚台相關海域發現石油之前，日本並未在該島建立任何表明領土歸屬的標樁。同樣，此前中方之中華民國或中華人民共和國，亦未曾強調自己對釣魚台列嶼的領有權。1969年5月，聯合國亞洲暨遠東經濟委員會勘察中國東海、台灣海峽北方後，認為該處蘊藏龐大的天然氣或石油。1970年8月31日，在美國監督下的沖繩政府立法院起草了《關於申請尖閣列島領土防衛的決定》，這是在釣魚群島主權爭執中，日本方面首次公開主張對該群島擁有主權。

同年，美國提出將沖繩及釣魚台交還日本，1971年中國大陸及台灣正式提出抗議。1972年5月15日，美國將琉球主權移交日本時，不理中方反對，一併將釣魚台列嶼的行政管轄權也交給日本，但美國同時指，在釣魚台的最終主權問題上採取中立態度，這亦是美國國務院截至2010年9月前的態度。

三、保釣運動的發生及其遺緒

（一）保釣運動的歷史發展

保釣運動始於1970年，是由香港、台灣民眾及海外華人為了回應釣魚台列嶼主權問題而發起的一系列民間運動，其運動逐漸延燒至各地華人圈，活動方式包括遊行、示威、登船出海到釣魚台列嶼海域和登陸島上。從1971年至今主要有三次。

1.第一次保釣運動

1970年9月10日，美日兩國達成協議，準備在1974年把美軍二戰時所佔領的琉球交予日本，當中包括釣魚島。過程中，雖然美國沒有明文提及釣魚台法定地位，但是由於美國駐日使館表示「釣魚台為琉球群島一部分」，日本開始對釣魚台進行管轄，而日本也開始驅逐來自台灣的漁民，引發全球各地華人抗議。

1970年11月17日，美國普林斯頓大學的台灣留學生開始組成「保衛釣魚台行動委員會」，表示「反對美日私相受授」、「外抗強權，內爭主權」，一方面抨擊美國與日本，另一方面也要求中華民國政府應該力爭主權。1971年1月29日，二千多位台灣及香港留美學生在聯合國總部外面示威，高呼「保衛釣魚台」。以台灣留學美國為主的學生，分別在美國各地舉行第一次保釣示威。兩周後，香港教師、學生組成「香港保衛釣魚台行動委員會」，發動學生上街示威，演變成嚴重衝突，由此為香港70年代的學運潮揭開了序幕。

1978年8月，中華人民共和國與日本簽署《和平友好條約》。日本右翼團體在政府默許下，於釣魚島修建直升機場，其後中國派出200多艘漁船到有關海域宣示主權，日本人放棄建機場計劃。當時鄧小平向日表示，釣魚島主權問題可在日後慢慢解決。由於中共與日本都有暫時凍結主權爭奪的諒解，保釣運動乃歸沉寂。

2.第二次保釣運動

1990年因日本政府承認日本青年社在釣魚台上所設燈塔，等於確認釣魚台為日本領土，民進黨發動第二次保釣運動（1990年9月至11月），卻因日本強勢驅離我國保釣船隻而落幕。

3.第三次保釣運動

1996年7月19日，日本外相池田行彥宣稱釣魚台為其固有領土，日本有權驅離進入釣魚台12浬內之漁船，引起第三次保釣運動（1996年8月至11月），經台灣與日本談判，取得漁民傳統作業不受干擾之承諾而落幕。

1996年以後，香港和台灣民間多次組織了保釣的行動。但是日本每次都派出警船攔截，只有極少幾次登島成功。1996年6月

26日，香港保釣人士於釣魚台海域因多次遭日本艦艇與軍機圍追堵截，終跳海示威，向釣魚台游去，其中一人不幸遇溺身亡。由於當時中華人民共和國政府過分克制立場，以致激發了港、台兩地的保釣行動。10月6日，台灣的議員與香港立法局議員，租用上千艘漁船出發駛往釣魚台列嶼，引發新一輪的保釣行動。礙於船隻眾多，日本方面不便攔截，使參與者成功登陸釣魚島，並一同在島上同時揮舞五星紅旗及青天白日滿地紅旗的旗幟，以表示釣魚台是所有中國人的領土。

4.最近的發展

2010年9月7日，日本巡邏船在釣魚台海域兩度衝撞中國漁船，並扣押了中國船長。當日，中國大陸民間保釣人士在北京日本駐華使館前發起抗議示威；香港的保釣人士在日本領事館外焚燒日本國旗，手舉抗議標語，並向日方遞交請願書要求釋放被扣押的中國船長。同時，又有香港的政黨代表前往日本領事館進行請願。2010年9月18日，來自台灣、中國大陸和港澳的華人在日本駐紐約總領事館前集會，這是當地20年來最大規模的保釣示威。

2012年6月14日，因東京都知事石原慎太郎企圖「購島」的種種舉動，為此，保釣聯盟決定於該月16日乘保釣船赴釣魚島，宣示和捍衛釣魚島中國主權和東海利益。但是出發當日中國大陸的參加人士被政府請回，導致行動被迫取消。香港海事部門也宣布「去釣魚台捕魚非法」，隨後出兵阻止；在台灣，海巡署也阻止他們出海。

2012年7月3日，中華保釣協會乘坐「全家福號」漁船在海巡署船隻的保護下前往釣魚台海域宣示主權，但未能成功登島。日本方面對此行動向台灣表示抗議，但台灣政府拒絕接受抗議。事後，這些人攜帶五星旗卻未拿中華民國國旗的舉動，引起台灣輿論譁然，持續在台灣各大討論區、論壇發酵，使政府飽受抨擊，中華民國的立場變得相當尷尬。此一事件也由釣魚台宣示主權行動被激化為台灣主權歸屬的爭論。

2012年8月15日，香港保釣行動委員會一行共14人，從香港出發乘坐「啟豐二號」保釣船前往釣魚台海域宣示主權。最終有7名成員成功登陸釣魚台，並揮舞五星旗與青天白日滿地紅旗，高唱中華人民共和國國歌。此次登島事件是繼2004年中國大陸保釣人士登島，及1996年香港保釣人士登島後，再次有華人登上釣魚台上。事件也觸發中日外交風波，但最終相關人員及船隻都全部安全返回。

2012年9月24日起，以宜蘭漁民為主的「為生存、護漁權」民間保釣活動，集結75艘漁船，從南方澳漁港出發前往釣魚台海域。海巡署出動超過10艘艦艇護航，並成立緊急應變中心、指揮所，全程掌握狀況，這次應是歷年最大規模的民間保釣行動。台日雙方艦艇一度對峙，海巡署態度堅決，持續護航台灣漁船，讓台灣漁船可以繼續向釣魚台前進。日方在驅趕過程中，以水柱驅離漁船，並一度吊放小型快艇衝撞台灣漁船，台灣海巡署艦艇則是同樣以水柱還擊。對峙到第二天上午，漁民認為，抗議目的已達成，決定返回南方澳漁港。

（二）保釣運動的內在矛盾與國際角力

一般來說，中華民國政府堅持「主權在我、擱置爭議、資源共享、共同開發」的原則，保護所在區域的國民，並認為該議題不是兩岸議題而是國際議題，不可能與中華人民共和國合作。

民主進步黨也堅持，釣魚台應該是中華民國的領土，政府部門尤其是海巡署必須維護領土主權，反對該問題淪為統戰工具。他們也認為，釣魚台問題需朝向雙方共同有利的海洋漁業資源開發等經濟合作方向解決。民主進步黨在野期間，曾對國民黨執政的政府放任部分人士使用五星紅旗保釣表示不滿。部分台灣民眾對日本抱有好感，因此對於釣魚台主權爭議較為冷淡，例如，前總統李登輝便認為釣魚台是日本領土。台灣民眾目前對於保釣還沒有形成主流民意，但多數人對於保釣運動被當成統戰工具感到厭惡。

自1970年代釣魚台問題升級以來，中華人民共和國政府明確宣稱「釣魚台列嶼自古以來就是中國的固有領土，屬同為中華人民共和國領土的台灣島之附屬島嶼。中國對此擁有無可爭辯的主權。」同時也稱「中國政府捍衛釣魚台領土主權的決心是堅定不移的。」1992年2月25日，中華人民共和國全國人大通過《領海法》，正式將釣魚島列入中國領海範圍，日本政府提出抗議。但政府也因經常只作出「嚴正聲明」而缺乏實際的軍事或外交行動，被民間所詬病。

2000年以後，針對民間日益高漲的捍衛釣魚台的呼聲，中國政府開始派出海監船、漁政船等執法船隻赴釣魚台附近海域巡航。在一些重大事件發生後，其頻率往往會有所增加。

2008年12月13日，在日本福岡舉行的中日韓領導人峰會上，中國國務院總理溫家寶與時任日本首相麻生太郎會面時，就釣魚台主權問題發生爭執。2010年9月7日中國漁船與日本巡邏船釣魚台相撞事件後，中華人民共和國政府派遣中國漁政執法船對釣魚台海域的巡航常態化。

自2012年4月18日，石原慎太郎提出東京都政府購買釣魚台構想後，以東京都政府為首的日本國內部分右翼政治人士積極響應，激化中、台、日民眾間的矛盾。

2012年7月9日，美國國務院發言人努蘭表示，釣魚台列嶼處於日本的管轄權之下，屬於《美日安全保障條約》第5條的適用範圍，該條規定美國有義務防衛日本。而1972年美國將沖繩（琉球）的管轄權歸還日本以來，釣魚台列嶼就在日本政府的管轄之下。這是日本政府7日表明計畫將釣魚台列嶼國有化以來，美國官方首度明言釣魚台列嶼適用美日安保條約。但努蘭同時表示，有關釣魚台列嶼主權問題，美國不採取特定的立場，期待當事者之間以和平的手段解決。對於2012年8月15日香港保釣人士登陸釣魚台一事，美國國務院發言人努蘭暗示美國視其為挑釁行為，不過仍重申對於釣魚台問題不會選邊站，希望有關方面通過和平方法解決。

四、保釣運動與國家認同

1971年4月9日，美國國務院發表聲明，表示尼克森總統和日本首相佐籐榮作達成協議，美國將琉球以及包括釣魚台列島在內的「南西群島」，於1972年交還給日本，此舉造成了台灣社會（以大學生為主）強烈的反應，以及旅美僑界與留學生的抗議，而展開了海內外的保釣運動。影響所及，不但海外知識界出現了國家認同的轉向，國內至今也仍時有要求力爭釣魚台主權的呼聲。如今40年已過，回顧這段歷史，可以發現執政者的態度，以及國內教育內容導致的國家認同混淆，是保釣運動中對於台灣（國家主權）發展方向的不利因素。

為表達對美國將釣魚台群島交給日本的不滿，以美國地區為主的留學生於是進行大規模的串連及抗議活動，蔚成海內外保釣運動的高潮。但是，中華民國政府的決心、作為及其成果，無法說服大量的海內外知識份子，特別是在美國本土發表一系列保釣運動的留學生及旅美華人。面對政府無力扭轉大局，而中華人民共和國以民族主義相號召的狀況下，留學生的政治立場發生轉變，有的甚至高唱回歸中國大陸，使得當時原本在國際舞台上遭到一連串打壓挫折的中華民國，承受了更大的壓力。這些思想開始左傾的留學生，也被政府打入黑名單，回不了國家。

從保釣運動的歷史來看，我們可以發現許多基本的問題。

（一）國家認同混淆

首先，保釣運動發生後政治轉向的問題是因為當時國人對國家認同相當模糊（實際上至今依然如此），因此雖然中共以民族主義相號召，可是此種民族主義的國家認同卻混淆不清，導致在保釣以後掀起的民族主義風潮，演變成以海外中華人民共和國為代表的國家認同的新方向。而40年後，仍然時有國人持續參與或發動保護釣魚台主權的行動，但也正與40年前國家認同混淆不清的現象相似，甚至寧願採取與中華人民共和國合作，作為保護釣魚台的象徵，如此是否真正維護了國家主權的利益，自然大有商榷的餘地。換言之，保釣運動在當時對於中華民國政府已經造成相當程度的傷害，經歷40年，就此部分而言，目前的政府也沒有提出有力的應對方式。

（二）錯失爭取釣魚台主權的關鍵期

就形成釣魚台主權的歷史原因而言，二次大戰以後日本領土的接收是最關鍵的因素。原本釣魚台群島在日治時期隸屬於台北州，只是在二次大戰結束以後，美軍佔領了琉球群島與釣魚台列島，而接收台灣的國民政府卻沒有立即對美方提出主權的要求，直到釣魚台群島附近發現可能有巨量石油蘊藏，其重要性才日漸凸顯，而隨著美國與日本針對琉球群島歸還問題舉行談判，釣魚台主權的爭議才正式浮上檯面。

在這個過程中充分展現了中華民國政府對釣魚台主權相對冷漠的態度，直到一九七〇年代前後，才正式面對釣魚台主權的爭議。縱使如此，進一步分析可以發現，不僅過去政府對釣魚台，直到今日政府在回應釣魚台相關主權爭議時，仍然沒有做好適當的準備工作，特別是在處理中華人民共和國主權宣示方面，如此，不僅可能持續國內原有的國家認同問題，而且在其影響下，亦可能造成政府對此問題的錯誤回應。

（三）台灣與釣魚台群島的地緣與歷史關係

就釣魚台群島的主權爭議而言，主要是攸關釣魚台是附屬於台灣或是附屬於琉球群島的問題。就大陸礁層角度來看，釣魚台群島與台灣是屬於連結的狀態，而與琉球群島之間則有相當深浚的海溝加以阻絕，就此而言，或許不足以充分證明釣魚台主權屬於台灣，然而搭配歷史的證據，以及日治時代的行政區劃，正可以證明，縱使在日本統治期間，日本政府也認為釣魚台群島在行政區劃上亦屬於台灣，這些都是政府在捍衛主權時相當強而有力的證據。

相對地，中華人民共和國對此並無主張的權利，除非承認台灣是中華人民共和國的一部分，否則便沒有主張與其合作，向日本爭取釣魚台主權的可能。這是政府與國人在面對釣魚台群島主權爭議時，必須特別留意的。

（四）捍衛國家主權還是使國家失去主權？

釣魚台主權的爭議囿於國際的現實，又不能採用武力方式解決，勢必需要冗長的國際舞台抗爭才能得到較合理的解決。但是，此一問題如果變成日本與中華人民共和國的問題，則根本上並不符合我國的國家利益，也不合歷史的事實。就地理關係，就歷史關係而言，釣魚台群島究竟應附屬於琉球群島或是台灣才是問題的關鍵。

相對的，凡是主張中國擁有釣魚台群島主權的訴求，或是聯合中華人民共和國或所謂海外華人爭取釣魚台主權，其前提便是以台灣為中華人民共和國一部分，中華人民共和國有權代表台灣對外爭取主權的印象。如此，究竟是捍衛國家主權還是使國家失去主權？這是攸關台灣定位及利益的重大問題。回首40年來釣魚台的爭議，無論是政府或是人民務必要釐清釣魚台主權歸屬的本質，否則輕率的選擇可能影響了國家長遠的發展。

（五）保釣運動與民族主義

縱觀古今中外的歷史，民族主義是一種最不需要花力氣就可以將人民團聚在一起的力量，也是一堆最不需要花力氣就可以點燃的易燃品。民族主義是一個最古老最原始的人類意識，它是一群相同的人種、血源，相同的語言、習俗和感情，乃至認同感一致的政治、經濟、文化、價值觀，堅持自己所屬區域為自治單元的一種群我意識。

保釣運動一開始就在民族主義被質疑的氣氛中，有人藉由保釣置入性行銷愛國主義，中國政府也藉此機會企圖把香港與台灣都納入所謂的「國家」之中。保釣是一個經過設計的陷阱，香港的知識分子大聲急呼：「不要被民族主義綁架！」曾是保釣運動領袖的劉大任認為，保釣要超越民族主義，讓中國人在現代意義上真正站起來。民族主義如何綁架保釣運動，以及保釣運動如何超越民族主義，對保釣運動本身來講就是兩難，短期內可能無解，但民族主義肯定不會消失。

1.中華民族主義與台灣民族主義

保釣運動剛起來時，就有一句話：「不是我們的土地，我們一寸也不要；是我們的土地，我們一寸也不讓。」近代以來，積弱的中國，還能免於像印度、阿拉伯一樣變成列強的殖民地，憑恃的什麼？並不是精良的武器和嚴密的國家組織，而是人民不可屈服的意志。從五四運動以來，「中國的土地可以征服，而不可以斷送；中國的人民可以殺戮，而不可以低頭」，到「一寸山河一寸血」和「把我們的血肉築成我們新的長城」。

然而，在台灣島內，民族主義與愛國主義卻是衝突的。民族主義除了對內「主權在民」和對外「主權至上」的兩項原則外，落實下來，就是「每一個人都要愛自己的國家民族」。但是由於國共內戰、兩岸分裂，民族主義在台灣島內被扭曲了。

按照西方的民族主義理論，民族與家常為一體，也就是說，「nation」一字可以譯為「民族」，也可以譯為「國家」。多數西方人不會為民族或國家而困擾，民族主義與愛國主義幾乎可以等同看待。在中國，這種觀念完全不適用，除非提倡一種大中國主義，大中華民族主義，否則無法解決分離主義的滋長。

1902年，梁啟超發表論民族競爭之大勢，明確提出「今日欲救中國，無他術焉，亦先建設一民族主義國家而已」。孫中山的「三民主義」，其中尤以民族主義為最重要，而民族主義在辛亥革命成功之前，主要的訴求是排滿，而後才是五族共和。民國肇建，列強虎視眈眈，日本終於以「九一八事件」強佔東北，引發新一波抗日的民族主義。

就中國而言，民族主義不再是內部問題，變成外禦強權，團結人民的愛國主義。利用外在敵人，召喚民族主義的靈魂，而日本正好是中國民族主義最好的祭品。釣魚台問題於是成了中國民族主義宣洩的出口，結合了中日之間自甲午戰爭以來的歷史情結，每一次的保釣運動都不可避免觸動民族主義的神經。

由於現今網絡環境和網絡社群大行其道、臉書盛行及智慧型手機上網功能普及，對比上次於1996年保釣所激發的一波浪潮時，只有BBS、新聞組、留言版及個人網頁有所不同，因此無論是登島過程或是之後的風波，整個運動都引起中港網民極大的關注和參與。透過網路世界與媒體所帶動的民族主義，是典型的中國式民族主義。

2012年9月，當日本政府宣稱已將釣魚台「國有化」後，引爆中國民間新一輪的反日浪潮。中國內地52個城市爆發反日示威遊行，部分城市更演變成暴動，示威者攻擊、搶掠、火燒日資店和日系產品。雖然中國街頭抗議、暴亂的情況十分激烈，但微博上卻有反暴力之聲一面倒，或懷疑中國當局是全國抗日始作俑者。有深圳網友更圖文並茂地曝光反日暴徒似由便衣警察帶頭，陝西西安、河南鄭州、河北滄州、北京等地網民都發現集會人群中混有公安。北京藝術家艾未未點評愛國賊：「被一幫公安便衣率領，武警、特警掩護，罵幾千里之外的日本，毀自己同胞的財產，保政法委的席位。」

由於香港是最先發起保釣運動的地方之一，不少香港人都支持保釣行動，但由於近年本土意識抬頭，有些網民表示「釣魚台是中國的，關香港人什麼事？」認為香港本身有更多的權益需要爭取和保護，不要管別人的「瓦上霜」。有不少香港網民批評那些聲言抵制日貨的國內網民言行不一，例如他們本身用的相機、攝錄機便是日本牌子。港人的態度當然引發大陸人的不滿，港人與陸人的矛盾顯然也反映在釣魚台的主權爭奪上。

相較於大陸與香港，台灣的網民就沒有那麼熱絡。由於台灣曾被日本統治50年，島內存在著一股傾日情結，對釣魚台的爭議，未能形成共識。不敢過度在主權議題上著墨，政府似乎也盡量朝共同開發經濟利源的和平方案進行。雖然在某些媒體的鼓吹下，有人表態「不惜一戰」。事實上，這都是阿Q的言論。不靠中國大陸，台灣有何能力與被美國保護的日本決一死戰？

中國介入釣魚台爭端，雖然有其現實面的考慮，但是，對中國政府來說，這點小利不是非要不可。當中國的經濟能力慢慢使它成為世界強國之時，它必須展示作為強國的姿態，尤其是保釣問題涉及香港與台灣，以及海外的中國人，這是宣揚民族主最好的時機。甚至可以轉移國內對政局的不滿情緒。中國大陸經常有一群不滿時局的青年，透過網路集結，俗稱「憤青」，意為憤怒的青年。這是一群激進的民族主義者，具有較強烈的本土民族主義信念，特別喜歡被稱為「愛國主義」信念，且具有較激進的思想（如極端民族主義）、言論或行動的人士。因互聯網開放自由的本質，在網上容易見到這些人。

杜克大學（Duke University）教授劉李剛（Liu Kang）曾說，當前的中國共產黨政府，表面上是馬克思主義與共產主義意識形態的產物，骨子裡宣揚的卻是民族主義。Zhao Suisheng也說，中國式的民族主義是一種情境產物，面對國際事務時，向來都是被動性的回應，很少會前瞻性的主動出擊（Zhao, 2000）。保釣運動的情形正是如此。釣魚台問題可以是單純的外交事件，也可以將它誘導成民族主義與愛國主義的大是大非。

面對這樣的處境，台灣的民族主義變得沒有說話的空間。香港人清楚知道中國政府在操弄大中華民族主義，不願被綁架，因此想從保釣運動中抽腿，「釣魚台干香港何事？」但台灣無法也這樣說，但又不敢大聲說：「釣魚台是台灣的。」因為連結上「釣魚台是中國的」這個邏輯，台灣會變成是中國的。

長期研究台灣民族主義的施正鋒教授認為，從台灣民族主義的角度來看，它在政治上最大的競爭者是中國民族主義（施正鋒，1998：233）。台灣民族主義開始於日治時代，原先的訴求對象是日本，要抗拒的是日本的民族主義，只是這種民族主義沒有正當性，充其量只是一種台灣意識，不能稱為民族主義。當國民黨政權來到台灣後，台灣的民族主義者終於找到自我的定位和認同。弔詭的是這種台灣人的民族主義卻隱含著傾日情結。台灣的民族主義無法在保釣議題上發言，導致保釣運動成了中國民族主義自己唱的獨腳戲。

2.保釣運動與國際主義

有學者認為國際主義是民族主義的解毒劑（施正鋒，2003：80）。針對保釣運動日益被窄化，挑起中國的民族主義與日本的民族主義仇恨，讓人不免擔心當年英國與阿根廷為爭奪福克蘭島而開戰的歷史。在國際上，關於領土的爭議，最終還是要靠武力解決。國際主義的思考或許是解決釣魚台爭端的好辦法，台灣當局的作法，多多少少是基於這樣的構想。

國際主義（internationalism）是指宣導和支持國家間為共同利益而開展更廣泛的經濟和政治合作的政治運動，不同國家和地區可能對這個詞語有不同的理解。其特色為主張政治活動應考量全世界人類的狀況，而不是只專注於某一特定國家的利益。另一種與國際主義相似的哲學觀點稱為「全球主義」，但是全球主義不僅適用於政治領域，同時也可在更廣泛的社會、文化、科學、生態或人道議題上加以探討或應用。

當保釣運動變成一種民族主義風潮時，還是有一些人力排眾議，反對參與保釣。一部分人基於陰謀論，認為保釣是傳媒刻意煽動搞出來，以轉移人們視線的陰謀，尤其是香港正在選舉；也有人出於綠色思想，認為釣魚台既為荒島，任由它荒涼還更有益於大自然，反對任何一國據為已有。後者較接近於我們所謂的國際主義。

國際主義者認為保釣運動太偏於「狹隘的民族主義」，遠離了世界無國界的理想。霍布斯邦（Eric Hobsbawm）說，隨著民族國家的式微，民族主義也會逐漸消失（Hobsbawm, 1990:190）。他認為未來的世界歷史絕不可能是「民族」和「民族國家」的歷史，不管此處的民族是指文化上的、政治上的、經濟上的或語言上的定義，未來的世界歷史將主要是「超民族的」（supra-national）和「內民族的」（infra-national）舞台。我們不清楚霍布斯邦的超民族是否可以視為國際主義，至少，對某些人來說，民族主義與國際主義未必不能並存。

假使國際主義與民族主義可以相容，保釣運動自然可以是基於國際主義。保釣運動表面上看好像只是兩個國家之間的領土糾紛，可是幾十年來中日的國際主義者都懂得區分兩個國家的性質大有不同。日本是帝國主義大國，中國則是第三世界的弱國。近代以來，中國經常被日本侵略，反對日本代表某種程度的對抗帝國主義。由於美國與日本有安保條約的存在，反美與反帝於是結合在一起，無形中強化了中國的民族主義。美日安保這種結盟關係，對國際關係發展而言是一種警訊，有可能重蹈兩次世界大戰的後塵。反美日安保與反日本侵佔釣魚台，二者之間有一層關係，這也就是連日本人也反對日本政府將釣魚台國有化的原因。

日本知名作家村上春樹在「朝日新聞」投稿，他認為如果一旦領土問題進入「民族情感」的領域，往往就會找不到出口，出現危險的狀況。他說，這就好比喝了劣酒後的酒醉，讓人腦筋混亂、行動粗暴，第二天早上醒來只剩下頭痛。村上呼籲大家要小心這些企圖用劣酒來煽動民眾情緒的政客，要大家保持冷靜。

日本人可以國際主義來支持保釣，中國人也可以國際主義來支持保釣。作法是摒棄民族沙文主義，向群眾解釋清楚，保釣運動的敵人是日本帝國主義，不是日本人民，強調中日人民團結，共同建立一個和平合作的，逐步消除國界的亞洲。只要這樣，就絕不會同民族沙文主義混淆，也不會有盲目的憤青。反之，只知大唱高調，袖手旁觀，任由群眾受到沙文主義者的思想荼毒，到處破壞，這才是上了民族沙文主義的大當。

對國際主義者來說，釣魚台一島誰屬，本身並不很重要，至少不比今天中港台許多其他問題重要。然而，既然現實上群眾已經發動起來了，就沒有理由把群眾交給政客。相反，應當參與其中，把運動引導向民主主義和國際主義的方向，而不是袖手旁觀，更不是譏笑群眾落後，這樣才是真正的民主開放的態度。

五、結論

民族主義是兩岸關係的核心問題，過去如此，現在如此，未來也是如此。有關兩岸關係的論著雖然已經汗牛充棟，但大陸的新民族主義在兩岸關係的演進過程中究竟扮演了一個什麼樣的角色？這個非常值得研究的問題，迄今為止並沒有為大家所重視。

大陸新一波民族主義始於上世紀九十年代初鄧小平南巡以後，其發展迄今已經有二十多年了（Gries, 2004）。這一波新的民族主義和自近代以來的民族主義之間有其連續性，但也表現為一些新的特點。其趨勢有兩個面向：「表達富裕」與「國家認同」。新民族主義對台灣的影響表現在很多方面，其中之一就是，台灣問題是新一波民族主義興起的根源，與中國正在崛起這樣一個事實合而為一。

台灣問題是個歷史問題，為什麼最近變得愈來愈迫切了呢？這不僅是因為台灣本身的民主化和本土化推進著台灣的獨立運動，而且更重要的是因為中國本身的快速崛起。在中國歷史上，國家的分裂往往發生在國際積弱的時候，一個崛起的中國表明任何中央政府都有能力阻止台灣的獨立。另外，中國的崛起也表明中國國際空間的自然擴張，而這又導致了台灣所擁有的國際空間的減少，釣魚台的問題表明了中國正在積極尋求國際表現的空間。

釣魚台主權爭議原本也是歷史問題，但此一風暴現在卻成了兩岸關係的新動能。就宏觀層面而言，釣島主權仍然停留在四十年來一貫的「爭議狀態」，但各方的得失損益已不同於風暴前。中國大陸在這次風暴中具體而微地操作了一場國力的演習與展示，而其經濟實力已具備總體戰爭的效能。對北京而言，釣島問題即是台灣問題。藉此風暴中共的艦艇得以更接近中華民國的海域，讓人有「侵門踏戶」的感覺；一則對美日宣示其強硬的政策態度，一則對台灣朝野操演「兄弟鬩牆，外禦其侮」的統戰手法。

對台灣而言，四十年前台灣「老保釣」的歷史勳業，已在2012這場保釣風暴中讓位給中南海及大陸人民。這顯示四十年來國際政治的演變，更反映了六十來年兩岸情勢的消長。由於北京的強勢作為，台灣在這場風暴中，左右為難。目前看來，日本可能會對台日漁權談判鬆手，這是台灣可能的收益；但這場風暴對兩岸關係的重大衝擊，台灣當局必須審慎評估其得失。

「釣魚台自古就是中國的領土」，這是保釣論述的第一句話，沒有這句話，保釣即失根據。然而，大家對甲午戰爭時代的「中國」也許沒有爭議，但今天的「中國」究竟何所指，卻是兩岸之間的嚴重歧見所在。釣魚台這一盤棋，幾乎等同於兩岸這一盤棋。北京說，「釣魚台是中國的固有領土」，但沒有說出口的下一句話應是：「因為，台灣是中國的固有領土。」正因如此，北京對釣魚台問題的政策態度，其實也反映了北京對台灣問題的政策態度。

這場保釣風暴對台灣的示警是：

1. 更進一步地可以斷言台獨已絕無可能。
2. 必須在「中國概念」中，找到台灣的出路。
3. 重點在於必須設法在「中華民國／中國／中華人民共和國」三者之間找到交集，並建立區隔。

台灣在釣島問題上的被邊緣化顯示：「中華民國」如果不能善用與「中國」的交集，並建立起與「中華人民共和國」的區隔，恐怕遲早會在喪失了「中國」的「介面」後，被「中華人民共和國」所侵吞。即使「中華民國」不等於「中華人民共和國」，但「中華民國」很難說不是「中國」。

Chapter 3
影視史學與歷史現場重建——鏡頭下的辛亥革命

一、前言

為慶祝中華民國建國一百年，文建會以新台幣二千萬預算，對外徵件拍攝紀錄片《國父孫中山》，希望藉由多元詮釋呈現這位「革命夢想家」兼容並蓄的特質。建國百年基金會執行顧問、作家平路以製作人身分參與。平路曾以七年時間研究國父，發表小說《行道天涯》，她理想中的紀錄片希望行腳國父足跡，以多元史觀解讀國父，成就一部一百分鐘，能在院線上映的影片。平路認為，以電影、電視劇拍攝國父，訴諸單一劇本很難客觀，唯有透過紀錄片，收集不同學者的言論和史料，才有機會將多重觀點並陳。平路指出，《國父孫中山》著重於國父夢想家、人性的一面，突破過去黨國教育，過於神格化的角度。平路說，在她眼中，國父一生沒有享受過好日子，很多事情也不盡完滿。台灣憲政因實行他的五權憲法至今如此困惑，因為五權是國父拼裝出來的產物，台灣是在實驗的道路上，「你可以罵他，也可以選擇同情他，紀錄片便能容納兩者觀點。」

對平路的言論，監委周陽山和中研院院士、台大教授胡佛批評文建會和建國100年基金會主其事者，處理國父紀錄片的心態「輕佻侮慢」，周陽山並警告，若國父紀錄片的內容錯誤百出、違背史實，文建會及官員可能面臨監察院的糾彈。文建會主委盛治仁親上火線滅火，他表示，這次所拍攝的國父紀錄片，將跳脫過去把政治人物神格化的拍攝手法，但他也強調，會用人性化的角度拍攝，且一定會忠於史實，會用嚴肅的態度。」他也表示，每個人對國父都有主觀的看法，但個人想法和拍攝是兩回事，不可能聊一聊自己的觀點，就變成電影的觀點。盛治仁說，文建會做為拍攝單位，有責任面對監委、立委的監督。但他也指出，這次爭議是出自於誤會所產生的善意提醒，文建會尊重各方意見，也了解這件事的重要性、敏感度。國民黨秘書長金溥聰同樣緩頰說，這是一個多元社會的多元想法，我們應該以正面的方向來思考這件事情。知名導演朱延也表示，「國父也是人，沒那麼嚴重」，新一代導演有自己的想法，應尊重創作自由。

國父傳尚未開拍，卻在詮釋的角度上，引發高度爭議。平路與周陽山兩人為了國父史實認定的問題，數度隔空論戰。尤其是兩人對列寧如何詮釋國父，到底是天真無知，還是赤子之心，至今仍是各有各的解讀。與辛亥革命相關的影視多到不勝枚舉，沒有人會特別在意電影是否忠於史實，因為觀眾都知道那是電影，既是電影，自然是虛構的成分多。這次因為是官方出資，而且標榜為紀錄片，加上兩岸都有類似的拍片計劃，因此格外引人注意。這樣的一部電影，與娛樂無關，它涉及的是歷史的詮釋權。孫中山到底是怎樣的一個人，辛亥革命究竟怎樣發生，可能不是問題的核心，我們真正在意的是：「孫中山是誰的國父？」、「中華民國是否還在？」

為紀念1911年成功推翻滿清的武昌起義即將滿一百周年，大陸湖北省武漢市今年九月來台舉辦「辛亥首義武漢文化周」，展出辛亥革命有關文物，這是大陸官方首次來台舉辦辛亥革命文物展覽。目前兩岸對於辛亥革命認知有所不同，大陸認為這是資產階級革命，其創建的中華民國已於1949年「壽終正寢」；台灣方面則是積極籌劃「中華民國，精采一百」。在兩岸皆承認九二共識下，政治定位差異似乎可以暫時擱置。辛亥革命百年將至，兩岸都在籌劃紀念，但心態和著力點不盡相同，一個辛亥革命，兩岸各自解讀。孫中山辛亥革命這一百年來，台灣與大陸在追求民族自尊、民權伸張與民生富強上有不同歷史經驗。「國家」或「黨派」問題可以暫時擱置、各自表述，但其中不可忽略的教訓與必須闡揚的價值，還是有可能達成共識。當此之際，審視這段歷史，看革命先行者的局限和弱點，對於正視今日「革命尚未成功」的兩個共和體制，頗有意義。

本文從「影視史學」的角度出發，藉由台灣的《國父傳》與大陸《辛亥革命》兩部電影的開拍來論述歷史與電影的關係。影視史學作為一種傳承歷史知識的媒介與工具，與傳統的書寫史學相較，有利有弊，見仁見智。自有電影以來，「歷史電影」一直存在著爭議性，專業史家總是批評電影歪曲歷史。事實上，對導演與製片來說，他們在意的是電影「美學」，不是「史學」，忠實地闡釋歷史向來不是他們的責任，也未必有這樣的能力。從媒體發展的生態來看，影視史學對大眾的影響力會愈來愈大，會有愈來愈多的人從影視媒體獲取歷史知識。相較於書寫歷史，業餘的影視史學更容易被操弄，歷史電影將被賦予更多的使命，政治的、社會的，乃至國家的層面。《國父傳》如何演，取決於我們如何評價「辛亥革命」，經由電影「敘事」，或許可以為敵對半個世紀的兩個陣營，搭起和解的橋，這樣一部歷史紀錄片，意義深遠，耐人尋味。

二、影視史學的意義與發展

美國史家海頓・懷特（Hayden White）在1988年12月號的《美國史學評論》（American Historical Review）上，發表了一篇題名為〈史料編纂與影視史學〉的文章，「影視史學」一詞開始成為史學思想史研究的一門專門學問。台灣一些研究西洋史的學者與研究生也在周樑楷的帶領下，逐漸擴展影視史學的知名度，除了在大學中開授「影視史學」的課程外，更進一步舉辦研討會，吸引一批高中的歷史教師參與研習，傳授藉由影視資源輔導歷史教學的技法。「影視史學」在台灣歷史教育中，逐漸成為探討主題。隨著電影工業的發達，歷史素材被大量融入各類視覺影像中，以影片方式從事教學已是普遍被使用的教學方式，也因此引發教育行政單位的關注。在專業與傳統的史學領域，「影視史學」尚未取得正統的地位，但在非專業或普羅大眾之中，影視史學已經變成一種流行風潮，誠如戈爾・韋達（Gore Vidal）所說：「我們終將承認，教育體系在引介歷史傳承的功能中，將會逐漸褪色；最後，年輕人是靠電影來了解過去的（Carnes, 1998）。」

這樣的說法或許有人會覺得誇大，但是不可否認，現代普羅大眾依賴電影獲取歷史知識的情形愈來愈嚴重，這是當前歷史教育必須省思的現象。

在為「影視史學」下定義之前，我們必須先回顧懷特寫這篇文章的初衷，也就是說我們必須先了解懷特「杜撰」（coin）「影視史學」（Historiophoty）一詞的目的。在同一期的《美國史學評論》（AHR）上也刊登了羅伯特·羅森史東的文章：〈圖像的歷史／文字的歷史：論把歷史精準拍成電影的可能性〉（Rosenstone, 1988），羅森史東認為歷史是可以透過電影來呈現的，懷特為了探究這個「假定」（premise）於是創造「影視史學」一詞來描述歷史電影的研究。在懷特看來，未必真的有「影視史學」的存在，或者一定得要有「影視史學」，這篇文章真正的用意是要讀者思考，如果真有「影視史學」這種東西的話，那會是怎樣的一門學問？對懷特來說，傳承歷史的方式有兩種，一是文字的「史料編纂」，另一是「影視史學」，雖然我們仍然不清楚懷特的用意，但是自從他的文章刊出後，「影視史學」一詞不但大家都在談，而且成為專業的研究。影視史學的發展代表一種更多元化、更開放化社會取向，但是沒有史學史、史學思想底子的人，無法做好影視史學。換句話說，影視史學存在著許多隱憂，雷伯（Bryan Le Beau）在當史料編纂碰上影視史學：電影史學的危險與前景一文中已詳細評述「影視史學」的不完美，史家始終不相信視覺媒體能夠準確傳達歷史訊息。

所謂「影視史學」，依照懷特的定義：「以視覺的影像和影片的論述，傳達歷史及我們對歷史的見解」，如電影、電視、電腦的「模擬寫實」（virtual reality）、岩畫等，以及這類媒體所傳達出來的論述和史觀。相較於「書寫歷史」，「影視史學」更具強烈的感染力、表現力與吸引力。其中電影是個時間適當，又能傳遞時代氛圍的傳播媒體，因電影比書寫的論述更能表現某些歷史現象，如風光景物、環境氣氛以及複雜多變的衝突、戰爭、群眾、情緒等。針對歷史與電影的關係，雷伯在上述的文章中評論了三本相關的書籍，分別是卡尼斯（Mark C. Carnes）任總編的《不完美的過去：電影演出來的歷史》，與羅森史東的兩本書，一本是他自己的論文集，一本是其他人的論文匯編，《看見過去：電影如何挑戰我們的歷史觀》、《修正歷史：電影與新版歷史的建構》。

雷伯一開始就提出一個很難回答的問題，也是「影視史學」發展的困境：「為何史家不相信歷史電影」？表面的理由是「電影不夠精確，電影經常曲解過去，電影中的人物、事件、活動總是被小說化、平凡化和浪漫化。電影歪曲歷史。」事實上，史家之所以對歷史電影抱持懷疑態度，原因是電影超乎史家的掌控，電影顯示我們並未擁有過去，電影創造了一個歷史世界，不論是觀眾數量或受歡迎程度，都是書本難以匹敵的。在一個日漸不重視書寫文化的社會，電影正是其中的一股破壞力量。面對這類所謂「歷史電影」的「動畫」，史家的處理方式大致可以分成兩種：最普遍的方式是用「準確度」的標準來衡量，把電影也當作專業的史學著作；另一種方式是目前較新的發展領域，即調查作為一種視覺媒介的電影，如何被利用（或應該被使用）成為思考我們與過去關係的工具。前一種以《不完美的過去：電影演出來的歷史》為代表，後一種以羅森史東的作品為代表。

相較於史家對歷史電影的思考，電影製片或導演顯然不太在意「準確性」問題。在卡尼斯的書中收錄了一篇由美國著名史家，哥倫比亞大學歷史教授艾瑞克・豐爾（Eric Foner）的短文，從他與導演約翰・謝雷斯（John Sayles）的對談中，我們多少了解到歷史電影的本質與製作。電影製片人會在乎史家如何評論他們的電影嗎？在謝雷斯看來，答案偏向否定。謝雷斯解釋說：歷史電影是導演與製片的創作，但劇情絕對不是憑空虛構，因為觀眾會更喜歡真實發生過的事。進一步說，歷史電影容易拍攝，因為故事大綱早已存在，而且，如果故事流傳夠久，可能本身早就是家喻戶曉的傳奇了。就像史家一樣，每位導演心中都有自己的構圖，二者的差別在於史家的作法是一本書接著一本書的寫，而且可能因為身處學院中，有更多的參考文獻可用。對導演來說，歷史是一個隨時會被掠奪的「故事」穀倉，要什麼就搶什麼，出發點是有沒有用，至於正確與否不是考量的重點。有的導演會請史家當顧問，協助一些場景、道具、化妝等細節，但是只有導演才知道電影會拍出怎樣的大場面。

電影在1895年時才誕生，在此之前不會有人談論歷史與電影的關係。西方到十九世紀才有所謂專業化史家，也就是強調專業化訓練。他們以資料的收集、考證為入手，以專題論文、專書的方式來寫作，並形成自己的社群。任何社群都有排他性，也因此，產生專業史家與業餘史家之分。一些傳統的史學作品，例如希羅多德（Herodotus）與吉朋（Edward Gibbon），雖然仍受肯定，但其敘事方式已逐漸被捨棄，而一些史詩、歷史劇與歷史小說等，文本雖牽涉到歷史，但是已不配當成是史學的範圍了。到了1960年代社會運動時代，大眾文化被重視，專業史家也開始注重影像的東西，如年鑑史家費侯（Marc Ferro），他的文章大概在1960-70年代寫成的。從1960年代開始，非專業史家或非專業的歷史作品日漸有地位，所以電影、「口述傳說」（oral tradition）、圖像等通通拿來重新檢驗。美國有好幾個關於電影與歷史的學會，也有好幾個學校成立電影與歷史的研究中心，有專業史家投入此行列；AHR在這十幾年以來經常有討論影視史學的文章或影評；此外，AHR每月的Perspective也經常有影視與歷史或影視教學的文章，美國對這方面的研究，已形成學術社群（community）。

誠如周樑楷所說，影視史學不是電影史，也不是談如何用影視媒體來教學。影視史學可以談電影史、談教學，但是影視史學本身應該是一門學問，有自己的知識論。目前影視史學這門學問的知識基礎尚不是很穩固，因此，我們對影視史學的關心，必須從知識論的基礎出發，使之成為一門學問。當我們談論影視史學時，講的並不只是電影、電視與歷史，而是講影像視覺的歷史文本，及其中的思想問題，除此之外，非專業史家的歷史文本，口語的、文字的、圖像的、包括靜態的任何圖像的歷史文本，都值得研究，所以文字的歷史文本，固然重要，非文字的歷史文本，對我們理解歷史的真象仍有其一定的價值。

三、走入電影的辛亥革命

洛奇摩爾（Joseph H. Roquemore）在《電影中的歷史：史上最好與最濫的歷史電影導覽》一書中明白表示，歷史電影絕對不只是娛樂，它是一種可以型塑大眾對歷史認知的潛在力量，不獨過去的事件，甚至會延伸到對當前社會的觀感，不可小看電影的影響力。從「前言」開始貫穿整本書，洛奇摩爾一直在強調，沒有所謂「絕對的」歷史，也沒有「客觀公正」的評論，歷史電影之所以迷人就是任何人都可以一邊觀賞一邊批評。在此之前卡尼斯已編過類似的書籍，《不完美的過去：電影演出來的歷史》集結了60篇電影評論短文，是卡尼斯遊說60位不同領域的歷史作家或歷史學者所寫的文章。選擇的片子是大家所熟悉的經典歷史片，例如《凱撒大帝》（Julius Caesar, 1953年）、《天譴》（Aguirre the Wrath of God, 1972年）、《叛艦喋血記》（Mutiny on the Bounty, 1935年）、《大地英豪》（The Last of the Mohicans, 1992年）、《加里波里》（Gallipoli, 1981年），以及《甘地》（Gandhi, 1982年）等。這些電影所呈現的歷史故事，幾乎已家喻戶曉，像原名「最後一位摩根人」的《大地英豪》更是重拍十數遍。有些歷史學者甚至不諱言，他們之所以對歷史感興趣，來自小時候曾看過的歷史電影。由於這些「影評」是歷史學者所寫，因此，其中不乏對歷史本質的真知卓見，也讓我們了解到歷史真相的難以捉摸。

這本書最讓人印象深刻的是，不管電影多麼努力想要「重建」歷史現場，結果總是離「正確」還有一大段距離。因為電影是時代的產物，人們對自己身處的歷史時代，感觸不同，情境也不同。也就是說，在一百年後來理解「辛亥革命」，絕對不同於1911年時的當下。「辛亥革命」發生時，電影工業已相當發達，1908年時被日本殖民的台灣已有電影映演業，日本人高松豐治郎開始在台灣北、中、南七大都會建戲院放映電影，並與日本及歐美的電影公司簽約，建立制度化的電影發行放映制度。在辛亥革命之前便與孫中山結識的日本人梅屋庄吉，出身富裕家庭，早年經營對外貿易。1893年後改操攝影業，先後在新加坡、香港開設照相館，對攝影非常專業。梅屋莊吉是日本最早的電影公司「日活」的創始人，他曾派遣攝影師全程拍攝了武昌起義的影像，編輯成紀錄片，目的不是為上映賺錢，而是為了給當時沒能目睹革命全程的孫中山個人觀看，這些影片素材至今還被梅屋莊吉的後人細心地保留著。這是有關辛亥革命最早的紀錄片，然而，對梅屋庄吉來說，他的心願是拍攝「孫中山傳」，這個遺願渴望在一百年後由文建會來完成。

這些年來，華人世界拍攝過與孫中山、辛亥革命相關的電視、電影不勝枚舉，不管收視率或票房如何，「歷史」從來不是觀眾想要探討的主題，我們對辛亥革命的理解與感受無法與梅屋庄吉相提並論，若不是因為兩岸三地都在競相籌辦辛亥革命百年活動，不會引發這股電影熱風潮。加上兩岸關係和解，雖然對「中華民國」一詞仍有歧義，雙方大抵都肯定孫中山與辛亥革命的價值，也才有合作的機會。當台灣當局籌劃拍攝《國父傳》時，大陸則早已開拍《辛亥革命》，而且陣容龐大，卡司超強，這部號稱史詩巨片的歷史電影，除了有國際巨星成龍擔任總導演外，26家單位參與製片、發行，也是中國出品單位最多的一部電影，風頭不遜創下大陸片票房紀錄的《建國大業》。據張黎導演介紹，該片共有63個完整角色，加上其他配角，預計共有70餘位明星加盟。

事實上，以「辛亥革命」為名的電影，這不是第一部。早在1981年，邵氏電影公司即由丁善璽導演拍過《辛亥雙十》（The Battle for the Republic of China）。清末武昌革命的力量主要有兩個源頭，一是以蔣翊武和劉複基為首的新軍，另一是由江湖幫會人士孫武和鄧玉麟領導的共進社，影片即以兩派對革命的思想歧異展開序幕。1911年武昌起義後，各省風起雲湧，終於在孫中山的領導下，推翻滿清王朝。導演利用革命黨人的主觀觀點，呈現錯綜龐雜的歷史面向，營造大時代兒女為革命犧牲的感人史實。香港武俠電影最愛拍「黃飛鴻」，到目前為止，至少有幾十部黃飛鴻系列的電影，1996年上映的《黃飛鴻之辛亥革命》正是其中之一。辛亥革命發生的地點在武昌，因此，談辛亥革命自然不能不將場景拉到武昌。為此，大陸湖北省武漢市特別來台舉辦「辛亥首義武漢文化周」，展出辛亥革命有關文物。

2006年32集的電視連續劇《武昌首義》正式播出，全方位、全景式、細膩生動的展示了1911年10月9日到12月31日，共83天裡湖北革命黨人奪取政權、保衛政權可歌可泣的故事。表現以孫中山為首的革命者為了中國的崛起和振興不惜拋頭顱、灑熱血的大無畏革命精神，及一舉推翻統治中國幾千年的封建王朝，舉世震驚的豐功偉績。同時也揭示了革命的不澈底，革命黨人在缺乏統一的思想、統一的領導下，最後把革命的勝利果實拱手讓給舊軍閥，使革命受到重創的慘痛教訓。全劇從睡獅初醒開始，到中華民國臨時政府成立結束。用紀實手法具體描寫了湖北革命黨人、北京清政府和以袁世凱為首的北洋軍閥這三大陣營在武昌攻防戰期間的種種表現，精心刻畫了一系列鮮活的歷史人物，真實反映了20世紀中國的政治面貌和生活狀態。是一部帶有強烈紀實風格、充滿濃烈情感的史詩型戰爭巨片。

歷史電影不同於紀錄片，不論如何精心舖陳史實，大部分的劇情都是虛構的。從電影美學的角度來看，導演在意的是影片的商業或藝術價值，歷史精確度只要不太過於背離一般常識即可。基本上，歷史有五大要素：人、事、時、地、物。有形的場景與物件，容易判別真假，無形的意念與情感最難拿捏。因此，觀眾會比較在意演員與實際的歷史人物長得是否相像，對歷史事件的發展經過，多數人都沒有這種歷史知識或素養以判別對錯。以2009年12月發行的香港電影《十月圍城》（Bodyguards And Assassins）為例，記述1906年10月，孫中山要到香港與十三省的革命黨人會面，商討未來數年的起義大計。但清廷早已在香港埋伏一隊軍隊，企圖行刺孫中山。由陳少白帶領的一隊人馬，為保護孫中山而不惜犧牲自己的性命，最後會面順利進行，但革命黨人亦傷亡慘重。《十月圍城》在內地的票房破三億，獲觀眾與影評人一致好評，劇情高潮迭起，無名英雄人物和情節的刻劃細緻入微，加上精采的武打動作連場，讓人屏息以待。尤其逼真地將百年前的維多利亞港及中環街道重現，並以特技化妝塑造孫中山的面容，增加了影片的可看性和「真實」性。

孫中山是辛亥革命的主角，但在辛亥革命的電影中，孫中山只是配角，而且，由於幾乎所有的人都清楚孫中山是怎樣的長相，怎樣的一個人，因此很難妥切地被詮釋，導演通常不會刻意去突顯，除非是以他為主的傳記電影。電影是娛樂事業，不管拍電影的背後動機是什麼，只要是拍給人看的，始終得考慮觀眾的感受。通常，傳記類的電影比較容易和史實結合，呈現出一種半紀錄片的結果。辛亥革命的題材可以拍得很「娛樂」，但若定位為紀錄片，就得忠於史實，「取捨」影視史學最困難的地方，取捨的動機當然與政治或教育的目的有關。例如大陸湖北當局正在籌劃的首部辛亥革命動畫電影《鐵血首義少年》（暫譯），是一部以真實的辛亥革命為歷史為背景所杜撰的傳奇故事。劇中虛構了一位少年人物，以他的成長經歷和20世紀初湖北、武漢地區大批熱血青年追隨孫中山先生參加革命，最終推翻皇權帝制的經過，少年因此成為武昌首義的英雄。影片以現代電腦2D、3D動畫製作技術和視覺形象為表現手法，以全球華人和青少年為目標主體，是一部具有豐富歷史文化內涵、生動感人的故事情節、以及濃郁的民族特色和地域特色，並融合知識性、趣味性、娛樂性、商業性於一體的史詩類歷史動畫片。

利用青少年喜歡的動漫形式來表現辛亥革命歷史題材，這是一個創舉，本身就是辛亥革命精神的體現。運用各種文藝形式宣傳辛亥革命的偉大歷史意義和精神是兩岸政府共同在做的事，但是我們必須注意的是，動漫電影的定位要準確，創作者既要忠於歷史，又要超越歷史。作為一部文藝性的歷史電影作品，不能拘泥於歷史事實，承載過多的歷史價值和現實意義，進而影響人物的塑造。作為反映辛亥革命歷史題材的文藝作品，創作者要跳出既定的歷史框架，不能把眼光局限在武漢、湖北地區，要放開去關照整個中國乃至近百年來的中國命運。辛亥革命的意義必須放在百年中國的歷史脈絡中，才能顯現出來。我們可以理解湖北省政府想藉由辛亥革命發展觀光的用心良苦，同樣的，對於台灣當局籌拍《國父傳》的政治意涵，一樣有著「司馬昭之心」的感覺。經過一百年的沉澱，不管電影所呈現的辛亥革命是否真的符合史實，已經沒有太大的爭議，專業史家可能還是會有話想說，只是他們通常不大看電影，對影視史學或歷史電影，大抵抱持懷疑的態度。

歷史電影，終究是電影，無論如何強調接近史實，依然擺脫不了虛構的本質，觀眾心知肚明，那是演出來的歷史，它與紀錄片不同。紀錄片指的是描寫、記錄或者研究實際世界的電影片，與紀錄片相對的是故事片。紀錄片（在大多數情況下）不需要演員來表演。在紀錄片中表現的人、地點、情況必須與實際情況一致。紀錄片的範圍非常廣，它從盡可能完全紀實的片子開始，但是也包括了真實肥皂劇，甚至寫實劇。紀錄片中也可以包括表演的內容，比如來體現某個情節發生的過程或者可能發生的過程。即使如此，觀眾依然會感到這些表演的內容非常真實。從技術上來說最早的電影幾乎全部是紀錄片，最早的電影大多數是直接拍攝生活中的一段情景，比如一列開入火車站的火車，或者下班的工人等等。1901年至1906年奧地利民俗學家魯道夫・普契（Rudolf Pöch）拍攝了新幾內亞的土著居民的生活，可以被看作是真正的紀錄片的先驅。

紀錄片的發展，只有短短的一百年，與電影的歷史差不多。

歷史電影是重建歷史現場，紀錄片則是當下的情境呈現。前者的歷史詮釋權掌握在導演和編劇手中，後者則是取決於攝影師或剪輯師，最終則是製作人意志的展現。例如大陸中央電視台所拍攝的超大型紀錄片《百年中國》，全片共52集，300期，每期5分鐘，共1,500分鐘，是迄今為止反映百年中國歷史最為全面完整的文獻紀錄片。這部紀錄片不僅資料收集得非常齊全，很多影像資料都來自國外和台灣，而且內容涵蓋面很廣，政治軍事經濟文化生活，全方面地介紹百年中國。美中不足的是在內容劃分上，有點類似《資治通鑒》，這樣的斷代體史書，受年代的束縛太重，一個章節裏包括多個主題，而同一主題往往又出現在多集中，不適合觀賞，也不容易引起共鳴，就歷史文獻的整理而言，有其價值，作為所謂「影視史學」或「大眾史學」的傳播而言，既不叫好也不叫座。

四、想像與真實之間的《國父傳》

觀眾不喜歡看紀錄片，而歷史電影又往往背離史實，如何拍攝一部真實可看的電影，是《國父傳》拍攝的目的。在中外電影史上，以歷史人物的真實故事為題材改編而成的電影，多到無法舉例。偉人的傳記電影的確可以激勵人心，不論從電影的商業價值考慮，或從電影承載的政治與社會責任，傳記都是電影很好的題材。有些電影就直接以人物為片名，例如《亞歷山大大帝》Alexander, 2004）、《甘地》（Gandhi, 1982）、《成吉思汗：征服到地與海的盡頭》（GENGHIS KHAN:to the ends of the

Earth and Sea, 2007）、《聖女貞德》（Messenger:The Story Of Joan Arc, 1999）、《哥倫布傳》（1492：Conquest of Paradise, 1992），與《末代皇帝》（The Last Emperor, 1987）等，有些雖然也是傳記電影，但從片名不易了解，除非對歷史頗有認識，例如《帝國的毀滅》（The Downfall, 2004）、《末代獨裁》（The Last King of Scotland, 2006）、《女王》（The Queen, 2006）與《英雄本色》（Braveheart, 1995）等。傳統的中國史學，「本紀」記載帝王，「列傳」記載一般官民，雖然也有「紀事本末」的體例，但是一般而言，都以人物作為記錄歷史發展的主軸。像是英國BBC電視台所拍的一系列英雄片，名為「剽悍古戰士」，包括法國拿破崙、斯巴達克斯、日本德川家康、西班牙征服者科提茲、英國獅子心理查、匈奴王阿提拉等。不管後人視他們為英雄或梟雄，他們充滿野心與過人膽識的戎馬一生，有人紀念他們輝煌的功成名就，也有人嘆息他們覆水難收的慘痛失敗。學習軍事家運籌千里的極致智慧，洞燭機先的判斷力，可以幫助我們在混亂局勢中找到出路。這幾部半紀錄片的偉人傳記電影，可以作為《國父傳》的範例。

歷史學家並不關心一般人物拍成電影後的真假問題，觀眾看《莎翁情史》（Shakespeare in Love, 1998）、《羅密歐與茱麗葉》（Romeo and Juliet, 1996）時，會沉浸在愛情的悲喜氣氛中，此時如果還去問「這是真的嗎」，未免太不解風情。歷史上沒有任何資料證明莎士比亞有任何一個情人，但很多人猜測莎翁能夠寫出「羅密歐與朱麗葉」這樣的曠世愛情悲劇，肯定和自己的親身經歷或多或少有關，於是在本片中我們可以看到大眾普遍的猜測。

戲劇的結果我們已經知道，情人肯定會分離，但電影的結局卻不是悲劇，當然也不是喜劇。如果傳記電影涉及國家民族，或是對偉人的評價，乃至意識型態、民族主義等原本就具有爭議性的議題，除了歷史學家有意見外，一般國民也會抗議。梅爾吉勃遜（Mel Gibson）的《英雄本色》剛上映立即引來歷史迷的批評，影片中呈現的威廉華勒士（William Wallace）是個勇敢的英雄，是個好男人；但是在歷史迷的認知中，蘇格蘭人的華勒士跟英國人一樣殘忍，一樣手下不留情。電影中的華勒士已經不是單純的歷史人物，即便合於史實，但在民族主義的催情下，依舊充滿爭議。

電影承載民族主義最佳的例子是《聖雄甘地》，這部榮獲奧斯卡最佳影片、最佳導演、最佳原著劇本、最佳男主角、最佳攝影、最佳美術設計、最佳服裝設計、最佳剪輯八項大獎的電影，竟然是英國人主動拍攝的「反英」電影，而且更將印度國父——甘地神格化，塑造成一個聖人。導演在片子一開頭就說：「一部只有三個小時的電影，是不可能展現甘地的一生，影片所能做到的，就是盡其可能忠實表現他的精神。」孔子作《春秋》，亂臣賊子懼，歷史電影同樣有其潛藏的動機。以最近剛上映的《孔子：決戰春秋》（Confucius, 2010）為例，對國人來，就好像一本立體化的教科書，從小習聞《論語》，背書默寫、上課瞌睡，歷歷在目，電影能夠以影像呈現孔子一身教育理念、《論語》內文的白話演繹、歷史事件，印象深刻許多，讓人有耳目一新的感受。然而卻有一些網民認為，《孔子》並非一部真正意義上的史詩影片，而是借孔子宣傳中國共產黨的政治立場，馴服國民。

孫中山與孔子一樣，都是中國歷史上的偉大人物，但是在經過一甲子的兩岸分治，不同的教育體制、不同的意識型態競爭後，孫中山與孔子都成了「外國人」。儘管兩岸和解，經濟活動熱絡，人民來往頻繁，但是對於政治議題還是太過敏感，說孫中山是偉大的革命家，不會有爭議，可是如果用「我們的國父」，恐怕連台灣內部都沒有共識。《國父傳》未開拍先轟動，政治的紛擾大於電影的可看性，而這樣一部電影名稱也限制了電影的包容性，限縮了未來的票房。電影版的孔子比文字記載的孔子更加「多彩多姿」，電影引領我們到文字無法想像的境界。「子見南子」一幕，留給觀眾充足的想像空間：隱蘊的情慾，一捲珠簾之後的周迅，對孔子藏有更深刻的理解與認同。隱晦的情慾流轉，藏有中國千百年來的抑鬱與性苦悶，但在周潤發所顯現的雍容器度與內斂的眼神情色中，我們看見一個真性情的孔子，這是一部拍給中年男人看的電影。

其實，孫中山也是個真情流露的人，只是多年來在我們八股式的教育中被塑造成神，誠如平路所說，台灣人對日劇裡的歷史人物比自己國家的人物還要熟悉，原因之一就是過去的黨國教育，把歷史人物神格化、定型化，讓他們失去人性化的一面，變得不可親近。其次，解嚴後因太多意識型態的猜疑，近現代史上的人物都被賦予太多的目的性，讓人無法產生親近感。孫中山是個革命夢想家與實踐者，但絕對不是不食人間煙火的人，他的愛情故事，雖然不能與《莎翁情史》相提並論，但絕對比孔子精彩。談到孫中山的愛情，許多人只知道《宋氏三姐妹》（The Soong Sisters, 1997），以及由日本人喜多郎為這部香港電影所作的主題曲《宋氏王朝》，對於近年來經常到處作觀摩演出的《夜．明》（Road to Dawn, 2007，原名《檳城黃花》）所知不多，因為光看片名，不會知道他是一部講述孫中山的電影。《夜．明》的故事背景正值中國反清共和革命的低潮，同盟會九次革命失敗，孫中山到了馬來西亞檳城籌款，策劃來年（1911年）廣州黃花崗起義。電影從一個截然不同的角度表現孫中山人生的片段，描述孫中山人性的一面，對革命低潮的艱難，害怕自己無法堅持，以及他與二夫人陳粹芬的夫妻感情；也表現陳粹芬對丈夫之愛，只想與孫先生有穩定的家，無法留住丈夫又心甘情願追隨他一生。不管是表現感情細膩，還是為革命而亡命的艱辛曲折，皆是感人而精彩。觀眾對影片評價普遍良好，有的女性觀眾還感動地留下了淚水。她們認為影片沒有刻意將孫中山描繪成不食人間煙火的偉人形象，他會抱著戀人痛哭，還會和戀人一起洗菜做飯，感覺較真實。

然而，政府可以在建國百年之時，用納稅人的錢拍一部「文藝愛情片」嗎？或是較搞笑的片子如低成本的《廣東五虎之鐵拳無敵孫中山》（The Tigers:The Legend of Canton, 1993）？其實，《國父傳》已經有人拍過。20餘年前丁善璽編導的《國父傳》（The Story of Dr. Sun Yat-sen, 1986），描述民國建立後，革命事業尚在進行，而孫中山下半生的事蹟中又逢1922年陳炯明叛變，孫先生被圍奧秀樓，後再困於黃埔永豐艦，幾番遇險，深見軍閥驕橫。其後孫先生成立黃埔軍校，培育青年棟梁，始北上與軍閥周旋，可惜未竟全功，心力交瘁，於1925年病歿。同樣的內容在2001年時，又見於大陸拍攝的《孫中山》連續劇，在20集的故事中，記述了革命先行者孫中山從1895年第一次武裝起義到1925年北上病逝於北京，近三十年的革命生涯。孫中山一生為革命奔走，倡導民主、反對獨裁、組織護國戰爭、護法戰爭；不畏帝國主義列強和反對軍閥的威脅，發動北伐，討伐叛軍陳炯明，以其愈挫愈奮的鬥志，兩次改組國民黨，實現了從舊民主主義到新民主主義的轉變；最後北上議政，於1925年3月12日病逝北京鐵獅子胡同五號。這兩部影片，大致上都符合史實，也都肯定孫中山對革命的貢獻，但是若從「傳記」的角度來看，講述的多是成年後的孫中山，目前還沒有任何影片或紀錄片能完整交待國父的一生。台灣客家電視台正在籌拍《少年孫中山》，或許是基於看到相關國父影片的缺失。以孫中山60年的生命和經歷，可以作為電影題材的事蹟太多了，有正史的，有稗官野史，有意拍攝的人可以各取所需。馬來西亞已拍了《夜・明》，香港拍了《十月圍城》，大陸拍了《辛亥革命》，日本也有意拍攝一部孫中山的電影，完成當年梅屋莊吉未竟的事業。因孫中山於革命期間曾四度來過當時被日本統治的台灣，與台灣關係密切。據「台灣省文獻委員會」1971年出版的《台灣省通志》刊載，孫中山在病中曾留言：日本必須放棄與中國所締結的一切不平等條約；應在台灣實行自治等。說他「雖在病中，仍念念不忘台灣同胞，關心台灣同胞的革命事業」。孫中山為中國民主革命鞠躬盡瘁以及他對台灣同胞視為一體的關注，在愛國台胞心目中留下了不可磨滅的印象。《國父傳》的拍攝表面上可以說是為了記錄孫中山與台灣的關係，事實上，歷史紀錄片從來都有政治的意圖，歷史電影的拍攝也有其背後的動機。

五、辛亥革命的歷史評價與歷史現場的重建

電影在十九世紀末發明之初，承襲了照像技術「寫真」的特性。人們對於一張照片的特有認知，即是照片中所呈現的事物是在某一特定時間和空間，正在發生或曾經發生的事，簡單的說，它是「真實的」（real）。至於電影這個藉由連續拍攝的攝影機（motion picture camera），透過特定放映機器，程序相反的投射於銀幕的畫面而言，它是「合理的」，但真實度會受到質疑。電影發明至今，在其一個世紀的發展過程裡，電影拍製當然有其僅止於如同照像技術一般，停留在反映和顯現外在世界真實的可能。然而，幾乎就在電影發明的同時，電影製作就出現了實錄紀事和陳述故事的兩個傳統。

辛亥革命是確實發生的事，也確實有過孫中山其人，然而，不管經由「文字書寫」（written history）或「影視史學」（visual history）的記錄，重現的「歷史」絕對不是原來的歷史場景。歷史現場是無法重建的，重建的歷史現場是現在與過去互動的結果，也就是說，被拍成電影的辛亥革命或國父傳，是「重製」，不是「複製」，這就牽扯到動機論。兩岸為何爭拍歷史電影，為了歷史的詮釋權，尤其是政府出資的影片，絕對不是單純的電影藝術。《開國大典》（1989）除了記錄一段歷史之外，它要傳達更重要的訊息，即「中華人民共和國」的正統地位，而「中華民國」自此成了偏安江左的「非法」政權。對「中華人民共和國」而言，它的現代史欠缺的是「辛亥革命」這一段，一旦取得辛亥

革命的解釋權，就可以和「近代」銜接起來，因為革命的地點在武昌，武昌在中國，中華人民共和國也在中國。至於孫中山，他是「中華民國」的「國父」，但未必是全台灣人的「國父」，如何賦予孫中山在台灣的歷史地位，進而建構台灣人意識的國家觀念，國家忠誠，電影是很好的媒介，如同1970年代的愛國電影熱潮。這些電影描寫著對國家的熱情和不惜一切的付出，宣揚愛國情操。例如《英烈千秋》、《八百壯士》、《梅花》、《筧橋英烈傳》、《黃埔軍魂》等。直到80年代，台灣新電影興起，接著政治解嚴，民智漸開，電影所負的政宣任務，才被傳播力更強大的電視所取代，愛國政宣電影於是沒落。

在中國近代歷史上強烈地激動過一代人心的辛亥革命，離現在已將近一百年。隨著歲月的消逝，當年種種早已成為歷史的陳跡。可是，對這場革命的功過得失，在國內以至國外一直還有著不同的議論。電影是時代的產物，歷史學家也是時代的產物，歷史電影的編劇或導演扮演著如同歷史家的角色，《辛亥革命》與《國父傳》如何拍攝，反映我們對那一段歷史的評價。歷史是歷史家與社會交互作用所產生的結果，而歷史家往往有其時代性，意大利哲學家克羅齊（Benedetto Croce, 1866-1952）曾提出了一種歷史哲學，他說，一切真實的歷史都是當代史（Every true history is contemporary history.），意思是歷史是用現在的眼光，依照現在的問題，來觀察過去；歷史家的主要任務不在記錄，而在評價，否則他就無從知道該記錄些什麼了。這兩部電影都還沒上映，因此我們無從了解會呈現怎樣的內容，屆時必然會引發學界的評論。在評論電影之前，先要解決的是我們如何看待辛亥革命，如果導演可以體認觀眾對辛亥革命的看法，自然可以拍出一部貼近人心的好電影，否則，台灣電影史上又將多一部濫片。

辛亥革命的硝煙早已消逝，但其是非成敗，百年以來眾說紛紜，儼然已成世紀之謎。「中華民國，精采一百」即將到來，但困惑我們的是：如果無法給予辛亥革命一個恰當的歷史地位，那麼我們將用什麼來紀念？或者我們將紀念一個什麼樣的辛亥革命？面對沉重的世紀問題，回顧、檢討辛亥革命的研究，還其一個應有的歷史地位，是近現代史研究者責無旁貸的使命。辛亥革命的評價問題似乎陷入了這樣一種困境：一方面是相關研究成果愈來愈多，新史料、新觀點層出不窮，讓人愈來愈讀不懂辛亥革命。另一方面是辛亥革命的研究走向專業化的必然現象，在這樣一個思想多元化的時代，單元的思想格局讓不少人無所適從。各種論說激烈交鋒並相互交織，新舊並存，暇瑜互見，而不少學者僅持一端，對不同意見往往攻其一點，不及其餘。同時，一旦上升到思想和理論層面，成為純學理的討論時，就超越了普通人所能夠理解的範疇了。

學者如何評價辛亥革命已經不重要，拍電影的，看電影的都不是史家，電影中的歷史部分取材自史家的著作，細節部分也會請史家當顧問，但是歷史電影卻是一門不折不扣的「大眾史學」。20世紀80年代中期，蘇珊・波特・本森（Susan Porter Benson）等學者就指出，至少存在著三種不同的「大眾史學」（Popular history），各自有著不同的起源和目標。其中影響最深遠的是「文化史學或大眾史學」（cultural or popular history），這是一種經過商業包裝且與日常生活密不可分的歷史資訊和歷史解讀，包括由報紙、電影、流行音樂、電視劇、歷史故事、傳奇小說、廣告、歷史遺址、博物館等媒介所傳遞的歷史資訊。這種歷史對建構大眾社會的歷史意識影響最廣。這種意義上的歷史知識和資訊經過商業和藝術手段的包裝，將某種隱性的歷史觀、政治觀或意識形態，推銷或強加給大眾。丹麥學者詹森（Bernard Eric Jensen）也注意到所謂大眾史學或「流行史學」和「公共史學」（public history）之間的交叉性及其定義的模糊性。一些所謂的大眾歷史並沒有在公共空間中展示，而另外一些則與「專業史學」（academic history）有異曲同工之處（Jensen, 2009:43-4）。

「辛亥革命」一百周年的各項活動勢必充滿各種「大眾史學」的訊息，閱聽大眾對辛亥革命的了解不再經由歷史教科書，書寫的歷史已經無法滿足年輕的一代，影視媒介所使用的蒙太奇（Montage）手法，助長現代人的跳躍式思考。片片段段的歷史被剪輯在一起，歷史現場的重建得靠「記憶拼圖」，把零碎的畫面串連在一起得靠豐富的想像力，每個人的想像能力不同，於是得出的結果就變成每個人都有自己的歷史版本。如同本森的《呈現過去》一書的旨意：大眾媒體的角色在「包裝過去」（Packaging the Past）、實用歷史的作用是「專業化過去」（Professionalizing the Pas），而形塑歷史意識的底層作為，其重要性則是「政治化過去」（Politicizing the Past）。換句話說，由於非歷史專業的媒體、組織、單位、展覽、表演等的日益增多，歷史也愈來愈受歡迎，深入到各個社會階層，「公共史學」（public history）、「人民史學」（people history）、「大眾史學」（popular history）將成為歷史研究與表現的主流。

六、結論

「影視史學」看似新鮮的舶來品，其實講的就是電影、電視所演出的歷史故事，及其想傳遞的歷史意識。這幾年，東亞的幾個國家都在拍攝歷史大劇，行銷海外，藉此形塑該國的「民族符碼」。由於台灣的歷史地位有點曖昧，以致經常被「吃豆腐」，歷史被人不當詮釋，導致人民逐漸懷疑自己的歷史，連帶的也忘了由歷史意識所建構的民族主義與愛國主義。日本NHK電視台向來愛拍以「大人物」為主的「大河劇」，自1963年以來每年拍一部，至今已有49部作品問世，目前所播出的是以幕末志士坂本龍馬為主角的《龍馬傳》。這種以歷史人物或是一個時代為主題（即所謂的時代劇）的連續劇，屬於考證較嚴謹的戲劇。韓國的「影視史學」現象始於90年代中期以後，「韓劇」有兩大主軸，一是愛情偶像劇，一是歷史劇，特別是後者，著眼的不僅是商機，更是新歷史意識的展示。由於韓國千百年來始終夾在中日兩大強權陰影下求生，所以一旦經貿實力獲得世人肯定，必然要透過歷史耙梳和翻案，讓它的不少行徑合理化。例如《明成皇后》與《大長今》，前者要告訴世人的是韓國抗拒日本的強力決心，後者則順勢推銷了韓國文化，這些「影視史學」都有重喚韓國民族情緒的深刻用心。中國的「影視史學」直到九〇年代中期才開始嶄露頭角。《雍正王朝》、《康熙王朝》、《朝隆王朝》、《走向共和》等，因為都是清代戲碼，常讓人誤以為中國的歷史劇就是清宮劇。之後才開始有對於漢唐盛世的描摹，例如《大漢天子》、《漢武大帝》、《貞觀之治》等，都屬氣魄雄渾之作。倒是描寫明思宗敗亡的《江山萬里情》，似乎有弦外之音，像是1949年前後的國民黨政權，又像今日深陷藍綠惡鬥的台灣政壇，政論名嘴特別愛藉此發揮（晏山農，2010）。

相較於中日韓三國的「影視史學」方興未艾，台灣若繼續保持沉默，等同於放棄自己的歷史詮釋權。在電視看三台及中影全盛時期，台灣也推出不少歷史大劇及愛國影片，在那個風雨飄搖的年代，對激勵人心、鼓舞士氣，貢獻很大。到九0年代以後，中國意象沒了，台灣的定位也浮現不出來。當中國以其大一統史觀製作《施琅大將軍》時，明白的告訴世人，台灣是「中國的」，尤其是《建國大業》的發行，擺明的就是要屈台灣之心。大陸所拍的歷史電影，政治意圖都相當明確，宣傳的價值恒大於歷史知識的傳遞。電影有兩個主要的功能，第一個是通俗娛樂的大眾文化，第二個則像是其他的媒介，具有強烈的訊息傳遞和記錄功能。正因為如此，電影中的意識型態有著恆久價值、透析人性的可能性，也藉由電影的意識型態，我們才能夠將電影引入藝術批評以及文化分析的範疇之中。

面對愈來愈多的歷史電影，以及幾近泛濫的「影視史學」，馬西爾・藍迪（Marcia Landy）在《歷史電影：媒體中的歷史與記憶》一書的導論中，告訴我們要如何解讀歷史電影，如何透析電影所呈現的「大眾史學」本質。影視史學的發展與「後現代主義」（postmodernism）有密切關係，電影本身就是歷史「文本」，我們在電影中「寫」歷史，並依歷史發展敘事「讀」電影（Landy, 2000:vii）。所有有關歷史與電影的探討，最後還是要回到最初始的問題：歷史是什麼？雖然「影音資料」（audiovisual materials）（特別是電影與電視）是今日大眾資訊、知識與娛樂的來源，成了我們生活的一部分，然而歷史學家依舊抱持懷疑與批評的態度。傳統的書寫史學，歷史研究如同宗教，史家扮演傳教士的角色，獨享歷史的詮釋權（Bajaj, 1998:68）。影視史學將歷史的詮釋權讓給一般大眾，即便是文盲也可以接近歷史，「影音史料」讓歷史現場重建變得更容易。但是，如同羅森史東所說，在還沒有被「創造」（created）之前，歷史是不存在的。換句話說，歷史是人們依據所處的時代環境，本著個人對過去的理解與想像所「鑄造」（coin）出來的「景象」（visions），真與假的判斷不是經由「證據」，而是符合觀眾需求的「推理」與「想像」。「影視史學」之所以受歡迎，道理很簡單，它讓普羅大眾盡情揮發對過去的想像。歷史不再是一層不變的教條，它是可以被「捏塑」的，也就是說，人人都可以是「史家」。

Chapter 4
比較原生論與持久論對民族起源的解釋

一、前言

民族主義是一個極不容易釐清的概念，這個領域的研究不但卷帙浩繁，解釋紛歧，更令研究者感到挫折的是新的論著還在不斷的增加，沒有停止的跡象。曾幾何時，一種默默無聞的學術突然變成炙手可熱。短短半個世紀，這門學問從荒蕪到繁華，從燦爛到平淡，然後又從圖書館的角落躍上報紙的頭條。偉大的民族主義時代或許已經*Passè*（過時）了，但是民族主義這種「原生的」情感，誠如比利格（Michael Billig）在《平凡的民族主義》中所說，「它像一面旗子，時候到了便會被拿出來搖一搖」（Billig, 1995）。

在二十世紀以前，沒有人把民族主義當一回事。大部分的自由主義者和馬克斯主義者都只當它是「不經意出現的詞語」（a passing phrase），還不成氣候，不值得進行思想上的論辯。到了1920-30年代，隨著海耶思（Karlton Hayes）、孔恩（Hans Kohn）、史奈德（Louis Snyder）和卡爾（E. H. Carr）的出現，民族主義開始受到學院派的青睞，逐漸變成史學研究的顯學（Treanor, 1997）。1980年代是民族主義研究的另一個轉捩點，各種民族主義理論如雨後春筍紛紛冒出來。這些學者來自不同的學術領域，各自從自己的學術背景來詮釋民族主義，所建構出來的理論五花八門，令一般的讀者看得眼花撩亂，無所適從。這個時期出了幾位著名的大師，如葛爾納（Ernest Gellner）、安德生（Benedict Anderson）與霍布斯邦（Eric Hobsbawm）等，當這些大師的作品陸續推出後，民族主義研究也走過它的「青春期」（Özkirimli, 2000:2）。

1991年蘇聯解體，東歐許多原本在共產政權統治下的民族紛紛獨立建國，民族主義的研究再度活躍起來。民族主義的爭論雖然變得更加細緻和複雜，但界線也愈來愈明確。在1995年英國窩立克大學（Warwick University）所舉辦一場辦論會中葛爾納曾說：

> 今日民族主義的研究有兩個陣營，彼此涇渭分明，此即是所謂的原生論與現代論之間的界線。一邊主張民族一直就存在，且過去的歷史所扮演的角色非常重要；現代論者，像我一樣，則相信民族的世界是在十八世紀末創造出來的，在此之前沒有民族的存在，這條清晰的分界線很重要。（Smith, 1996:357-70）

這句話清楚地說明了學術界的偏好，自八零年代以來，現代論觀點霸佔了整個民族主義研究的市場，其他的觀點很難有立足之地。最近這些年「現代論」的解釋開始受到一群年輕學者的挑戰，他們將研究重點放在現代民族形成之前便已存在的族裔關係和情感。這些學者認為「現代論」的學者刻意忽視存在於世界各個角落中的族裔神話、象徵、價值觀和記憶，及其對大多數人的意義（Smith, 1996:358-365）。他們反對「現代論」那種無所不包的典範，希望將研究集中在某些地區，就不同的文化和政治問題來進行研究，這派學者一般稱之為「原生論者」（primordialists）。對「原生論者」來說，最重要的問題是回答現代之前的族裔如何變成現代的民族。其中一些學者強調族裔的不可變性，另外的學者則強調族裔的持久性。史密斯（Anthony Smith）和奧茲克林里（Unut Özkirimli）兩人便因後面這些學者的論述中常使用「持久的」（perennial）一詞而稱呼他們為「持久論者」，於是在原生論陣營中又細分成原生論與持久論兩派。但這種分法並不被多數學者所接受，他們認為二者之間沒有太大的差異，對「現代論者」來說只有「原生論」，沒有「持久論」。現代論者會明確地說出自己的主場，但是幾乎沒有學者以原生論者或持久論者自居。本文以此一議題進行研究，著眼點在它們相異的部分，此相異點雖然細微，但是這些學者的解釋對於我們理解民族主義的起源和演變，仍有一定的價值。

本文選擇了八位學者進行比較分析，分別將其論著中有關「民族」（或稱「族裔」）與「民族主義」（或稱「族裔認同」）起源的觀點提出來討論，了解為何他們被稱作「原生論者」，並評議其理論的優缺點和價值。這八位學者分佈在兩個不同陣營，不可否認，這種分類有其缺失，這只是一種權宜，此文的用意不在建立類型學，而是要探討他們對民族起源的解釋。誠如布宜利（John Breuilly）說：

> 分類只是一些彼此有關係的定義組合，從經驗上來看，它們不是對與錯的問題，而是對我們理解民族主義是否有幫助。（Breuilly, 1993：9）

不可避免的，我們將會看到這八位學者之間重疊和矛盾的地方，但這不是本文要探討的重點，任何人都可以輕易的批判「原生論」，但只有用心研究的人才能真正了解這種觀點。勒南（Ernest Renan）說：「誤讀歷史是民族建立的必經過程」（Renan, 1996:50），我們卻得避免誤解歷史，這是史家的專業與責任。這八位學者是：紀爾茲（Clifford Geertz）、葛林非德（Liah Greenfeld）、哈斯汀（Adrian Hastings）、凡登柏（Pierre van den Berghe）、羅倍拉（Joseph R. Llobera）、費雪曼（Josua Fishman）、康諾（Walker Connor）、阿姆斯壯（John A. Armstrong）。

二、原生論的方法

（一）何謂原生論

首先，「原生論」是一種方法，而不是理論或意識型態，是一個具有類似「傘狀物」功能的名詞。這個字來自於primordial這個形容詞，意指「原始的」、「最初的」和「根本的」。最早用這個名詞的人是席爾思（Edward Shils）在1957年時所寫的一篇文章，他用這個字來描述家族內的關係，認為讓家族成員凝聚在一起的力量不是來自彼此的互動，而是一種與血緣有關難以形容的關係（Shils, 1957:42）。若從立論的精神來看，「原生論」受到赫德（J. G. Herder）與「浪漫主義」學者的影響，強調民族是自然的，是類似由上帝所創造的永恆實體。特殊的語言和文化在每一個民族的歷史發展中相當重要，維繫社群於不墜的不是經濟、社會與政治方面的因素，而是社群的情感與概念的構成（Guibernau, 1996:2）。

在1950-60年間，大部分的「原生論」方法都被用在討論低開發社會的族裔衝突。其論點是：「落後」社會的政治行為主要是建立在情感和直覺，以及帶有「種族」血緣關係傳統的基礎上。按照這個邏輯，隨著經濟的發展，現代化的進程應該會帶來更理性的政治行為，或出現一種接近現代化國家具有民主精神的「公民民族主義」（civic nationalism），而不是依賴共同祖先的社群。但是這種樂觀主義從60年代後期以後便逐漸被腐蝕，比亞法利（Biafra）、孟加拉（Bangladesh）、北愛爾蘭和巴斯克（Basque）層出不窮的暴力事件和族裔衝突讓很多人對民族主義感到失望，但是對民族主義研究的學者而言卻是新的研究契機。面對這些地區現代化的失敗，「原生論」再度受到重視。此時期的「原生論者」對族裔情結的道德評價已有改變，對1950-60年代第三世界的族裔主張傾向於負面的描述，因為發生太多內在且倒退的非理性暴力事件。無論如何，經由對當代少數族裔發展的研究，「原生論者」得到這樣的結論：族裔的維護對個人的自我滿足與集體自決，道德上說來是很有用的基礎（Brown, 2000:9）。

任何國家的圖書館都可以找到一大堆強調「原生根源」的歷史書籍，這些書多數由民族主義者所撰寫。坎度里（Elie Kedourie）編了一本文獻選輯，收錄亞洲及非洲各國民族主義者的論述，這本《亞洲與非洲的民族主義》對我們了解「原生論」思想幫助很大。本書收錄了二十五篇民族主義者的文章，包括孫逸仙的〈民族主義原理〉，坎度里並且為此書寫了一篇足以出單行本的〈導論〉（Kedourie, 1971）。坎度里認為：「現在大家都承認亞非地區的民族主義乃是對歐洲優勢的一種反動」，但是有關這種反動的本質、方法等諸多問題卻沒有共識。亞非國家成了「原生論」學者最喜歡的田野調查對象，紀爾茲的《文化詮釋》便是來自對戰後第三世界國家的觀察，尤其是脫離殖民地統治運動，多數「原生論」的著作都有這種背景，這些例子說明了要了解「原生論」的觀點一定不能忽視亞非國家的歷史。

「原生論」的方法最初是用來解釋族裔認同的起源與用處，因受到「族裔淵源爭論」（ethnicity debate）的影響，以致容易讓人產生一種誤解，認為「原生論」的爭議應該有兩種。一種是「持久論者」（perennialist）與「現代論者」（modernist）之間關於民族的古老性之爭議；另一種是「原生論者」（promordialist）與「工具主義者」（instrumentalist）之間關於族裔關係的本質之爭議（Smith, 1994:375-99）。一般學者甚至無法細分「持久論者」與「原生論者」的不同，這兩種方法的確有重疊之處。「現代論者」通常也是「工具主義者」（反之亦同），而「持久論者」也是某種「原生論者」（反之亦同）。但是這種過於簡單的二分法已因一些新理論的提出而變得更加複雜。並不是所有的

「現代論者」都接受粗魯的「工具論」，「持久論者」也不一定會成為「原生論者」，我們甚至可以找到主張「工具論」的人其實是某種「持久論者」，但是，一個徹頭徹尾的「原生論者」用「現代論者」的觀點去解釋民族與民族主義，這種情形很少見。

「原生論者」自己並沒有形成一種獨占性的範疇，多數被歸為「原生論者」的學者並不以「原生論者」自居，這個專有名詞通常是別人對他們的稱呼，不像「現代論者」會清楚表明自己的立場。「原生論者」之間還可以再區分出次級類型，受到史密斯著作的影響（Smith, 1995:31-3），奧茲克林里將它分成三種版本，分別是：「自然主義的」、「社會生物學的」與「文化主義的」方法。另一種分類方法是由蒂蕾（V. Tilley）所提出（Tilley, 1997）。她將原生論的方法再分成三種類型，稱之為「生物學的」、「心理學的」和「文化的」方法。但是，蒂蕾的分法主要是為了族裔認同的研究，與奧茲克林里的目的不同。史密斯則分成「生存適合性」與「既成文化論」。分類的目的是為了方便分析，社會學家尤其偏好建立「類型學」。然而，任何的「歸納」方法都會有例外，選擇了這些學者，必然就會排擠其他的學者，因此，雖然本章所選的學者都有其代表性，還是會有遺珠之憾。

（二）學者與著作

1.紀爾茲

紀爾茲曾是芝加哥大學人類學教授，這本《文化的詮釋》是由許多篇文章匯編而成。從60年代開始，他剛從研究所畢業到應出版商之邀將之集結出版前後達十五年之久。這十五年來世界局勢變化很大，他所論述的一些人物或國家都發生了改變，以致於重讀這些文章時會覺得與現實有落差。為了解決這個問題，紀爾茲另外寫了一篇文章，即本書中的第一章，當作是一種導論。一本歷經十五年的書，尤其是以個案經驗為基礎的論著，不可能維持前後一致的觀點。例如，早期的時候他非常關心「功能論」（functionalism），但後來就很少再提了。紀爾茲主要是從人類學的角度來探討人的原生依附情感，他是「原生論」早期的代表性人物。他認為：

> 所謂原生依附指的是一種與生俱來的社會存在事實，如果考慮到文化的因素，精確的說，應是被認定為與生俱來的：一種直接的關聯或是主要的親屬關係，除了這些關係之外，與生俱來的事實讓他們生來就在一個特別的宗教社群內，說著獨特的語言或方言，遵循著獨特的社會習俗。這些血緣、語言、風俗的一致性，被認為是一種難以形容，並有時候具有無法抵抗的強制性（Geertz, 1973:259）。

這段話非常具有代表性，幾乎出現在所有論述紀爾茲「原生論」思想的文章中，可以說就是紀爾茲「原生論」思想的精髓。紀爾茲強調文化的原生情感之重要性，他把文化視為一種象徵體系，是我們對世界的看法及對事物的認知基礎，而且具有一定程度的強制性。「它們表達了我們個人的感情、日常需要、共同利益以及相關義務，還有一大部分是被我們賦予一些無法解釋，但又具絕對重要的意義」。換句話說，正是這些原生的情感依附構成我們的身分與認同的基礎。

蒂蕾不同意將紀爾茲歸為「原生論者」，她認為從紀爾茲解釋文化的方法看來，他根本就是「建構論者」（constructivist）。蒂蕾引述紀爾茲《文化的詮釋》書中的一段話來說明這個事實。

> 相信韋伯所說，人是懸盪在自己所編織的意義之網中的動物。我認為文化就像那張網，因此，對該網的分析，就不是一種找尋定律的經驗科學，而是一種意義的詮釋（Tilley, 1997:502）。

就蒂蕾看來，紀爾茲只是利用「原生的」這個形容詞中所含的「首先」之意來突顯文化建構的方法，經由這種方法一些基本概念成了個人思想、價值觀、風俗習慣與意識型態建構的基礎。

「建構」正是「原生論」的特徵。紀爾茲談到1945至68年間新成立的「國家」高達66個，多數是在國際強權的安排下建構出來的，族裔認同相當複雜，如何取得統治的正當性必須重塑一種新的文化認同，文化是建構的，族裔認同也是建構的，在第三世界國家這種情形特別明顯。「原生論者」不接受「演化」的觀點，對於民族或民族主義的起源只好採用「建構論」的方法，「原生」與「建構」這兩個概念對他們來說並不衝突。

2.葛林非

葛林非德是哈佛大學的教授，這本「巨著」（高達581頁）出版於1992年，構想始於1982年，但真正開始撰寫是1987年秋天。此時期的民族主義研究已過了高峰期，對一種被多數人認定已是過時了的學術進行如此大規模的研究，確實需要足夠的動機。這和他歸化為英國國籍有關，這次的轉變讓他對「民族認同」的建構本質有更深一層的體會。

《民族主義：走向現代的五條道路》的主題是：民族主義是現代世界的基礎，要了解它的重要性，只有從解釋民族主義入手。作者以五個國家為例，探討民族主義如何產生、民族認同與民族意識如何被移植進入不同的文化模式中、型塑那些自認為是民族者的社會與政治結構。基本上，本書用的是社會學的研究方法，書中的五個案例是依據該國家的民族認同與民族意識形成時間的先後次序排列。首先是十六世紀的英國，其次是1715-1789年間的法國、第三是十八世紀後半期的俄國、第四是十八世紀末和十九世紀初的德國，最後是十八世紀末到十九世紀中葉的美國。

對葛林非德而言，民族主義在歷史上出現的時間是可以定出來的，透過一些字辭典、法律文件和文學作品我們可以掌握此一概念的演進。他強調民族主義始於英國，但是，「英國民族的形成並不是一個民族的形成，而是許多民族的形成，亦即民族主義的形成」（Greenfeld, 1992:23）。英格蘭（England）只是引發這種過程的開始點。葛林非德將英國的「民族性」（nationhood）

形成時期追溯到16世紀，與「現代論者」觀點正好相反。民族主義不是「現代性」的結果，反倒是民族主義的發展產生了「現代性」，起因於一些較落後的社會想要超越原先支配它們的英國。

葛林非德在書中特別強調「族裔性」（ethnicity）不同於「民族性」（nationality）。雖然對「族裔民族主義」而言，民族與族裔可能是同義字，而且民族認同也經常被看作是一種「原生的」或「與生俱來的」族群性格之表現。構成這種「族裔性」的要素包括語言、習俗、籍貫、和身體的一些特質。無論如何，葛林非德認為這些所謂「客觀的」族裔特質本身並不能成為一種認同，即使是族裔認同也不可能。雖然民族認同經常會利用族裔的特質（這種情形明顯出現在族裔民族主義中），但是「族裔性」不會孕育出「民族性」，它只能被視為是某種原料，經過加工後可以產生不同的意義而成為民族認同的要素。就這個觀點而言，葛林非德不同於「族裔象徵論者」（Ethno-symbolist），在「族裔」和「民族」之間建立一條線性臍帶。葛林非德同樣反對「持久論者」（perennialist）的「睡美人」理論。「族裔性」是經過選擇的，而且偶然性很高，因此「存在與不存在，只有一種選擇」。它不可能像某些疾病一樣，潛伏一段時期後突然被喚醒。

從葛林非德所選擇的例子來看，尤其是美國，「民族認同」肯定不會等同於「族裔認同」，美國人沒有族裔性格，因為它不是「族裔共同體」，美國的獨特性是經過設計和慢慢發展出來的。族裔有其古代性和統一性，是自然的人群聚合，其人民具有某些共同的特性，但這些所謂的「族裔性」並不會產生獨特的認同。葛林非德區分族裔與民族的不同，對二者之間的關係他的解

汀的見解幾乎是葛林非德的翻版）。十四世紀時，特別是在英法長期的戰爭中，已經可以察覺出一種「英國民族主義」（English Nationalism）的存在，這種民族主義發展到十六、十七世紀時已澈底完成。哈斯汀認為民族的根源可以追溯到很古老的時期，只有在這種意思之下，才能說民族是「建構的」：現代民族是一系列外在與內在的因素交互作用下不可避免的結果，還得加上一種國語文學、宗教的發展，這些被認為是構成民族的主要成分。正是這些因素導致許多族裔社群「自然地」發展成民族內部的統合要素。

哈斯汀之所以重要，在於他結合了「原生論」與「建構論」的議題，並據此為現代民族主義及其核心族裔根源之間的連續性提出精妙的解釋。現代民族主義有意識的集體認同和記憶經常藉由文學與宗教來傳佈和激發，而共同遺傳世系的神話則包含了「一種有關民族起源必要的真實精髓」（Smith, 1996:169）。

4.凡登柏

凡登柏代表一種「社會生物學」的「原生論」觀點，也就是說他對人類社會的了解部分取材自對動物社會的觀察。「社會學」中有一這樣一個基本問題：「為什麼動物會有群居性，亦即，為何它們會相互合作？」（van den Berghe, 1978:402）。「動物之所以互相合作，因為合作對彼此有利」。合作是有選擇性的，也就是說那是一種「同類選擇」（kin selection）。對凡登柏來說，「民族」其實就是「同類選擇」的延伸，所以，「民族」如同「族裔群體」一樣是代代相傳的族群。動物的「同類選擇」

或「近親匹配」在人類的社會中，也是一種重要的凝聚力量。事實上，「族裔」與種族都是「親屬關係」的擴大，族裔與種族的情感都可以理解為一種「同類選擇」的形式。

但是，光靠「同類選擇」無法完全解釋人類的社會性，凡登柏另外又加了兩個原則：「互惠」（reciprocity）與「強制」（coercion）。「互惠」是一種基於利益分享的合作，結果可以預期，不限於同類之間。「強制」則是使用武力或單方面獲利。當社會日益膨脹且趨於複雜，族裔、種姓或種族等「同類選擇」關係已經無法界定社會。凡登柏追踪研究許多小型部落的發展後得出結論：只有靠不是承繼自祖先的文化發明和異族通婚才能擴大「原生模式的社會組織，成為更大型的社會，包容更多的人群」。

如何知道是「同類」？有無快速且靠的指標？就人類社會而言，語言、宗教、習俗、服飾、髮型或舉止、或其他文化上的特色可以發揮作用。這句話似乎意謂擁有共同的文化特徵的人可能來自共同的祖先，換句話說，共同祖先的神話與生物學上的真實血緣關係產生了關聯。如果這是凡登柏的推論，那他肯定會被批評。「族裔」既然要靠部分的共同起源神話來界定，而神話又無法找到生物學上的證據，因此這種理論毫無價值可言。為了讓理論有用，必須讓神話作這樣的解讀：「族裔」或種族不能被「發明」或憑空想像，可以加以操作、利用、重點強調、融合或再切割，但一定要使它和先前的族群聯結在一起，這個族群是靠同族通婚優先並有共同的歷史經驗來維繫。總而言之，對凡登柏來說，「族裔既是原生的，也是一種工具」（強調這兩個字）。

三、持久論的觀點

（一）何謂持久論

「持久論」（perennialism）這個字出自史密斯之著作，而且除了他之外也很少有人加以論述，史密斯用這個名詞來指稱一種較不激進的「原生論」。「持久論」係perennial這個字加上ism而來，目前還沒有英漢字辭典收錄這個字。在教育哲學中有這個術語，稱之為「教育的持久論」（educational perennialism），意思不盡相同。perennial的定義在一般字典中的界定有以下幾種意義：「終年的」、「多年的」、「經久不衰的」。因此，「持久論者」是指那些抱有這種觀念的人：民族是歷史的實體，雖然經歷了數個世紀的演變，但是其固有的特質大致上一點都沒變。

「持久論」的主要觀點是：「現代民族是直接從中古時代的前身延續下來的」。照這種觀點看來，我們常常會撞見「中古」或「古代」的民族！現代的所有事情，不論是科技的進步或經濟的發展都沒能影響人類聚合的結構；相反的，是民族與民族主義產生了現代性。「持久論者」承認在漫長的歷史旅程中民族有起有落，載浮載沉，但是悲慘的命運絕對不會破壞民族的「本質」。只需要點燃民族主義之火就可喚醒民族。麥諾格（Kenneth Minogue）用「睡美人」（Sleeping Beauty）這個字來描述這種情形，他說：

> 民族猶如睡美人，等待一個親吻來喚醒，民族主義者就是那位王子，將會施展出他的神奇之吻（Özkirimli, 2000:69）。

「持久論者」不一定就是「原生論者」，但二者關係密切，容易弄混。二種方法都看重「民族」的「古代性」，但「持久論者」較在意民族的不朽與經久不衰的性質。「持久論者」反對「原生論者」的「既成文化論」，也就是說民族與族裔群體應該是歷史演變、社會發展乃至於自然的現象，沒有所謂「與生俱來的」文化基礎。對「持久論者」來說，民族或族裔如同人類社會的其他現象，都會經歷成長與變遷。證諸史實，這種變遷從未間斷過，這是人類社會的基本特性。對其成員來說，民族或族裔何時開始，年代久遠，已無法追憶。

事實上，「持久論」與「原生論」之間的差異性不大，這兩種方法之間的異同不足以作分類的標準。「原生論」很難吸引新的研究者，誠如布魯巴克（Rogers Brubaker）所說：

> 今天，任何嚴謹的學者都不會接受原生論者的觀點：民族或族裔群體是原生的，永遠不變的實體（Brubaker, 1996:15）。

然而，我們還是發現很多人無法完全忘情於「原生論」的想法，許多學者依然相信民族與民族主義的古代性。就算「現代論者」如葛爾納，當他論述「民族有肚臍嗎？」，最後仍不得不承認「有些民族有，有些民族沒有」。霍布斯邦與藍格共同編寫的《發明的傳統》，他們所謂的「發明」，也不是憑空想像，隨意杜撰，總還是有些「材料」。就此而言，這些民族主義的研究觀點並沒有種類之分，只是程度有別而已。

誰是「持久論者」？回答這個問題比界定「持久論」還困

難，主要的癥結在於能夠作為選項的資料太少；其次，「持久論」只是一些陳述性的語句，不足以建構出一套理論規範，甚至連所謂的框架都很困難。總而言之，每個人的選擇標準不同，被選擇者也不一定認同這種定位，重要的不是他或她是「原生論者」或「持久論者」，我們要探究的是他們對「民族」或「族裔」的起源與本質真正的看法，並評述這些觀點的價值。

（二）學者與著作

1.羅倍拉

羅倍拉最重要的著作是出版於1994年的《現代性之神：西歐民族主義的發展》。一般而言，「持久論」者並沒有明確說出民族主義起於何時，各種時間點都有。大致而言都以十四到十六世紀期間為起點，即所謂的「中古時期」。如同紀爾茲和哈斯汀，羅倍拉在本書中也將民族的起源追溯到中古時期（Llobera, 1994:219-21）。對「原生論者」或「持久論者」來說「中古」是很重要的斷代，哈斯汀用來和「現代論者」（modernist）對照的不是「原生論」或「持久論」，事實上他們都不用這些術語，而是「中古論者」（medievalist）這個字（Hastings, 1997:2）。

某種程度上說，對起始點的強調正是辨別「持久論」與「現代論」差別的標準。英國是個民族國家，但是英國的民族意識始於何時，也就是說「英國民族意識的黎明在什麼時候」，史家的定位點從八世紀到十九世紀都有。羅倍拉認為「前現代」（pre-modern）（即中古）時期的文化和疆界的結構是近代歐洲民族形成的長期基礎。在《歷史記憶在（族裔）民族建構中的角色》中羅倍拉更以西班牙的加泰隆尼（Catalonia）為例，說明共享的記憶對塑造現代民族的重要性。羅倍拉反對「現代論者」視民族主義為一種現代現象，他認為早在中古時期一種初期的「民族認同」（national identity）便已出現了（Llobera, 1994:202），他甚至認為在奈倫（Tom Nairn）的「不均衡發展理論」中有關資本主義的影響在中古時期便可感受得到。把整個研究重心完全放在最近二百年的歷史，然後在此架構下來了解民族的形成，對羅倍拉來說，這不是最好的處方。

2.費雪曼

費雪曼任教於紐約耶希華大學（Yeshiva University），是社會語言學方面的傑出學者，專攻東歐的族裔問題與語言，主要著作《語言與民族主義》（Fishman, 1973）。由於對前蘇聯統治地區新國家形成後語言標準化的興趣，使他開始注意語言在民族主義建構過程中的角色和意義。讀他的著作時很容易就可以發現赫德（Johann Gottfried Herder）對他影響，尤其是赫德對語言的論述。費雪曼在這本書中首先簡短地回顧希臘人和希伯來人族裔歸屬感的歷史，強調語言與族裔之間的關係相當密切，更重要的是他要證明這種還未被動員起來且無法追憶的族裔性格在我們的日常生活中無所不在的事實。他說，「族裔」（ethnicity）是關於「是」（being）、「做」（doing）和「知」（knowing）的事。從「是」的角度來看，費雪曼說：

> 感覺上，族裔始終是一種親屬關係的現象，一種存在於自我或那些有共同祖先淵源者內部的串聯。有時候又像是一種骨生骨、肉生肉、血生血的關係。人的身體本身便被視為是族裔的展示，族裔性格就在我們的骨肉血液之中（引自Smith, 1998:160）。

換句話說，族裔有生物學上的成分，但又不僅僅是如此，它超越了身體的層次，涉及到「做」的層面。族裔「做」了很多事：保存、確認、提升集體認同與自然的秩序。像是歌謠、聖歌、典禮、諺語和祈禱文等，都是族裔「做」的成果。「是」的層次是靜態的，「做」是動態的，會改變「族裔」的方向。如果變化是真實可靠的，那麼，「過去」便會被重新詮釋或調整。至於「知」則是要來證明族裔的真實性，這是一種集體性的智慧，需要透過可靠的媒介加以表達。因此，族裔團體會改變，但是這種「易變性」或「現代化」必須按照族裔自己的方法來進行，而且要符合族裔自己的特質。在整個變化進程中，這種根深蒂固的歸屬感（即族裔的真意）必須保留下來。

費雪曼沒有解決「持久論者」關於「族裔持續」與「族裔再現」的問題，對他而言「族裔」是代代相傳的，因而民族等同於族裔社群，當然也就沒有所謂的「民族主義」問題了。費雪曼沒有告訴我們在這個移民混雜的歐洲社會中，形同「馬賽克」的族裔認同如何建構，沒能解釋層出不窮的戰爭征服、殖民歸化和種族屠殺的問題。不了解愈是強調族裔性格，戰爭的危險就愈高。「持久論者」對於「變」的強調，正是族裔衝突的起因。南斯拉夫貝爾格勒大學（Belgrade University）教授維思那（Vesna）說：「族裔衝突源自對未來不確定性的恐懼」（Lake and Donald, 1997:99）。「變化」對族裔性格而言是一種傷害，如果有一天「變」到面目全非時，我們還能說這個民族就是古時候的那個民族嗎？

3.康諾

康諾的主要著作是出版於1994年的《族裔民族主義》，這本書是一系列有關民族主義研究的文章匯編。全書共234頁，依文章屬性分成三個單元：第一單元「族裔主義與學者」，討論英國的思想傳統、戰後美國的學術界和最近有關族裔民族主義的發展；第二單元「檢視理解的障礙」，討論有關術語的混亂，同質或經濟解釋的迷思、西歐的「非歷史性」等問題；第三單元「學者與民族認同的虛構世界」，討論人是理性的動物嗎，以及民族起源時間等問題。書中所收錄的文章都在期刊上刊載過，除導論外，作者另外在每章之前加註一段序言說明該章節的主旨。

首先，康諾提出這個觀點：「民族的凝聚」基本上是心理的因素，而且是「非理性的」（non-rational）。但是並非「不合理」（irrational），而是「超越理性」（beyond reason）。康諾說：

> 對於何謂民族這個老生常談的問題我們的答案是：這是一個人群，他們自認為來自相同的祖先。民族是能夠召喚個人忠誠的大型群體，利用的是成員對親屬關係的自覺。從這個觀點來看，民族其實是個充份擴大的家族（Connor,

1994:202）。

康諾接著指出許多學者總是將「民族主義」與愛國主義，「民族」與「國家」的觀念弄混，但是對民族主義的領導人而言卻能善用上述的觀念來動員群眾。他舉了一些例子，從希特勒（Adolf Hitler）、墨索里尼（Benito Mussolini）到毛澤東與胡志明，他們幾乎都是以血緣與親屬關係作訴求來煽動其國民。康諾引述了二百年前夏多布里昂（Chateaubriand）的一段話：「人不會允許自己為了利益而被殺害；但是會因為情感而犧牲」。康諾將它改寫成：「人們不會心甘情願為了合理的事物而損軀」（Connor, 1994:206）。

對唐諾來說，愛國主義指的是對自己的國家及其制度的愛，民族主義則是一種更為強烈的情感，是對自己民族的愛。兩種感情不一樣，必須加以區別。為了說明民族是從「族裔群體」發展而來，康諾引述韋伯（Max Weber）的話來支持他的論點：「族裔」涉及共同祖先之情。韋伯說：

> 所謂的族裔群體指的是那些主觀地相信他們來自相同祖先的一群人…族裔成員的身分與由假定的認同所形成的親屬群體身分，二者不同（Connor, 1994:102）。

經過康諾的闡釋之後，得出一個結論，即「民族之前的民族」（pre-national people）或「潛在的民族」（potential nation）確實存在。

康諾對「族裔」的理解，帶有些許「原生論」的傾向。族裔是一種非理性的心理特質，一種有著共同血緣關係的情感，始於何時已無從追憶，但是就算不是「原始的」，至少也是「原生的」。康諾沒有說明何時開始有族裔群體，但對民族的自覺何時出現倒是有明確的答案。在「何時有民族？」中康諾一再強調民族的形成是一種過程，不是事件或突然出現的事。不同的地方情形也會有不同，許多第三世界族裔的「民族狀態」（nationhood）甚至都還沒完成。所以，答案是：當大多數的族裔成員意識到（或體認到）他們是個民族時，民族便誕生了。這句話的爭議性很大，如果民族意識是一種群眾現象，那肯定是近代以後的事。康諾的答案讓我們想到安德生（Benedict Anderson）的《想像的共同體》，民族的形成要靠「印刷資本主義」，而「印刷資本主義」卻是工業主義下的產物。康諾以「覺得有親屬關係」作為民族形成的基礎，但是這種情感無法計量，無法統計，究竟需要多少比例的數值才能產生效用，沒有人能回答。但是，無論如何，康諾說：「認為民族在十九世紀末之前便已存在，這種主張必須審慎處理」（Connor, 1994:224）。

4.阿姆斯壯

阿姆斯壯是威斯康辛麥迪遜大學（University of Wisconsin-Madison）的政治學教授，著名的東歐政治專家。曾經寫過《烏克蘭的民族主義》和多篇與族裔認同有關的文章。但是以《民族主義之前的民族》最著名，堪稱是這個領域中的「傑作」（*magnum opus*）（Hutchinson & Smith, 1994:362）。光從這本書的書名來看或許已約略可以猜出作者的立場。阿姆斯壯寫這本書共花了九年的時間，足跡橫跨四大洲，到處蒐集資料。在倫敦時更受到當時已成名的民族主義研究專家賽頓華生（Hugh Seton-Watson）的提攜與鼓勵，賽頓華生的著作《民族與國家》對他的啟發很大，尤其是第二章「海外的歐洲民族」。阿姆斯壯在「序言」中說：

> 身為西歐裔的美國人和天主教徒，我不會也不能割捨自己的文化傳統。我用客觀公正的態度盡力呈現別人的文化——這是本書的精髓，因為我當它們是人類歷史最珍貴的成分（Armstrong, 1982:'Acknowledgments'）。

人生的歷練與遭遇經常影響民族主義的研究者，當我們聽到葛爾納說，「如果不能在喝點小酒後哼唱波西米亞的民謠，我寫不出民族主義的書」時，應該就能體會葛林非德寫《民族主義：五條走向現代性的途徑》一書時的心境。

本書共有九章，若就本文所欲探討的主題而言，第一章「一種理解民族起源的方法」和第九章「時空轉換下的民族」最值得閱讀。其他部分則用於討論前現代時期伊斯蘭與基督教文明中族裔認同的形成過程。為何會特別重視這些地方？因為作者認為這些地方的歷史最能闡釋「族裔」的發展。阿姆斯壯對族裔關係的解釋和「現代論者」及歷史學家對民族的解釋有相似之處。對阿姆斯壯來說，族群認同（即所謂的「民族」完全是前現代時期的族裔認同之現代對應物。阿姆斯壯認為打開人類歷史，明顯可以發現族裔與「異邦人」的區別在各種語言中都存在，族裔疆界的劃分便是靠這種差別做基礎。阿姆斯壯看見了我們稱之為「族裔」的認知與態度，在人類的每一個歷史階段不斷的出現又消解。這些保存在各種神話和象徵之中的族裔遺跡為日後形成的「族裔認同」奠定根基。對阿姆斯壯而言，前現代時期的「族裔」與民族主義時代的「民族」是不相同的概念。前者是一種持續性的族群認同，與日後形成的政體之正當性不一定相符合；後者的形成則是在族裔認同的意識取得優勢地位後足以建構獨立的政治結構之時。雖然二者不同，但是從猶太人、亞美尼亞人、法國人和俄國人的歷史來看，在前現代時期又確實有民族在緩慢形成之中。

阿姆斯壯以1800年左右作為分水嶺，之前的「族裔」與之後的「民族」是兩種不同的實體，但又不是完全沒有關係。因此，要如何來解釋這種關聯呢？要接受一般「持久論者」的看法：強調現代民族是前現代時期族裔群體的「連續」（continuity），或是視它們只是族裔和民族認同的「復發」（recurrence），沒有太大的連續性？這兩種立場其實都有，但從阿姆斯壯的著作來看他比較傾向於「再現」而非「持續」的「持久論」觀點，尤其是當他將「民族主義」界定為族裔認同循環過程中的一部分時。就阿姆斯壯看來，族裔意識的歷史很長遠，我們確實有可能「撞見」一些古代文明的遺跡——如埃及或美索不達米亞。因此，現代的民族主義不過是族裔意識循環周期中最後的階段。理解族裔認同要從幾個世紀以上的時間觀點切入，有點類似法國史學界中「年鑑學派」（*Annales*）的見解，唯有經由這種擴大的時間性觀點才能發現族裔依附的「耐久性」（durability）。族裔意識並非一層不變，一些中東民族在長期的歷史發展過程中雖然還能保持神話與象徵事物的完整，但是族裔認同卻已經歷了「浮現」、「變化」和「消解」的過程。因此，阿姆斯壯認為，從「復發」的角度來理解這種現象，比當它是前現代時期的「持續」更合理。

儘管阿姆斯壯的作品偏重在中古歐洲和中東的文明，他還是提供了很多的證據讓我們得以了解族裔認同的過程。尤其是他從行政、法律、宗教、語言、社會和神話學的立場所建構的民族認同形成模式，對我們了解現代民族認同的出現幫助很大。族裔的「持久」需要「象徵」、「神話」與「溝通」，神話是內容，溝通是手段。正如族裔認同的其他面向，「象徵」的意義不在於從何時開始，而是「經久不衰」的特性。最後，阿姆斯壯談到語言的問題，對「持久論者」來說，族裔的界限其實就是語言的界限，語言（口語）是辨別族裔的最簡單方法，對族裔認同的建構，是不可或缺的要素。但是和一般持久論者的常識相反，阿姆斯壯說：「大致上，前現代的經驗顯示語言對於族裔認同的意義完全是偶然的」（Armstrong, 1982:282）。阿姆斯壯的表現看起來不太像「持久論者」，比較像屬於「族裔象徵論者」（ethno-symbolist）的史密斯和哈金森（John Hutchinson）。

四、評議

社會學大師韋伯曾經提出警告：要從社群的團結情感中建構出一種「社會學的類型學」是很困難的，這句話一針見血的指出了民族與民族主義理論的困境。要在「現代論者」和「持久論者」（或「原生論者」）之間取得共識，是相當困難的工作。尤其是一些基本概念的界定，更是已經到了惡名昭彰的地步，我們可以說這個領域大部分爭議的罪魁禍首就是「定義」，定義的麻煩部分原因則來自於雙方所欲建立的「典範」（paradigms）或「方法論」。就「現代論」的立場來說，他們認為族裔與民族的現象都可以在一個單一的理論架構下來解釋；「原生論者」則將民族或民族的現象視為個別的或分開的族裔議題。另外還有一種現象也得注意，即學者個人對民族與民族主義的「價值取向」。霍布斯邦說：「我必須強調的是，我並不認為研究民族及民族主義的史家就不能是個民族主義者」（Hobsbawm, 1997:16）。霍布斯邦說出了一個事實——「性格決定一切」，我們在「原生論」學者身上找到了這種明顯的特質。不論是原生或持久，都帶有濃厚的「宿命論」傾向。

對紀爾茲等「原生論者」來說，原生的認同或依附是「與生俱來的」，是「先驗的」（*priori*），是不能　奪的，存在於各種經驗之前。原生的依附是自然的，甚至是精神上的，不是社會學的，基本上，「原生論」是情感與感受的問題，不適合作實務分析。事實上，今天歐美國家的國民多數不是土生土長的「原住民」，而是另有一個「故鄉」或「祖國」的移民，但在新的居住地這種族裔認同已逐漸被遺忘，代之而起的是新的民族或國家認同。認同是建構的，是經過選擇的。葛林非德在歸化為英國籍之後，他必須解決個人的認同問題。認同可以選擇，但族裔性不會消失，因此，對他來說最好的辨法就是區隔「族裔」與「民族」，「族裔」不等於「民族」。

哈斯汀將宗教視為決定世界歷史的四大因素之一，是族裔認同的一種象徵。華盛頓西雅圖大學（University of Washington-Seattle）政治學教授布拉斯（Paul R. Brass）反對這種觀點。他從「工具論」的觀點來解釋「族裔」的本質。在他看來，族裔與民族認同都會隨著時空的改變而產生質變，尤其是會被菁英團體所操縱。相較於「原生論者」視族裔為「與生俱來的」人類情境，布拉斯強調族裔與民族依附會隨環境的改變或菁英的操縱而被重新界定和建構，宗教的情形正是如此。在現代之前，受到宗教改革的影響，許多宗教儀典與慣例都已經產生質變（Brass, 1991:71），工業化和現代化更加使得宗教不再能成為族裔認同的力量。以宗教作為認同的訴求注定要失敗，「泛伊斯蘭主義」沒能獲得支持就是個例子。

對凡登柏的「同類選擇」或「親屬關係」布拉斯也有話說，親屬關係的範圍太小，通常沒有太大的政治意義。台灣有一句形容人際關係的俗諺說：「一表三千里」，意思就是說當親屬關係很緊密時，這個共同體必然很小，一旦大到超越整個家族時它便無法再作為一種凝聚力量。凡登柏還有一項被質疑的地方：如何知道是同類？他的那些文化指標都可透過學習與認同的改變而取得，所以，本質上「同類選擇」是建構的，不是原生的。此處我們再度用蒂蕾對紀爾茲的評論，文化是建構而來的，它的意義必須透過詮釋。

如果文化必須經過詮釋，那麼語言、宗教、象徵與神話等族裔認同的依據也就無法固定不變了。還有什麼事物可以作為認同的憑藉呢？康諾回答說「民族的凝聚是一種心理因素」，是非理性的，但絕不是不合理。將族裔的認同當作一種情感可以減低被批評的風險，但也暴露了這種方法的脆弱性。一旦民族的形成失去了客觀的判別標準，只好由主觀意識來決定。「持久論者」共同要回答的一個問題是：民族始於何時？康諾的答案代表「唯意志論」的觀點，他說：當族裔的成員意識到他們是個民族時，民族就誕生了。這句話讓我們聯想到勒南的名言：「民族是每日的公民投票」（Renan, 1996:59），其實康諾與勒南不同，康諾要表達的是：民族是慢慢形成的，雖然不確定始於何時，但它是一種過程，也就是說是演進而來的。

康諾的著作出版時整個民族主義研究市場已被「現代論」淹沒，康諾顯然受到現代論的影響，相較之下，費雪曼就比較傾向於「原生論」色彩。費雪曼以「骨生骨、肉生肉、血生血」的血緣關係來解釋族裔的持續性，但最終他還是得承認族裔特性是會改變的。在代代相傳的演變中，總會有一些族裔特性會保留下來。對「現代論者」來說，他們不在乎留下了什麼東西，而是這些東西對於民族的形成有用嗎？葛爾納真正想知道的不是「民族有肚臍嗎？」，「有些有，有些沒有」這種結論根本不用證明。重點在於它有沒有用（一般常識認為肚臍只是一個生理遺跡，不是器官），有用的話，就算沒有也要弄一個（史密斯語），問題是如何知道有沒有用？這又是一個價值判斷的問題。

我們可以將「持久論」看成是對「原生論」的修正，是向「現代論」的靠攏。二種方法都認為「民族」（他們稱為「族裔」）始於古代，多數「原生論者」主張約在十四到十六世紀期間；「持久論者」傾向於以「年代久遠」一筆帶過。至於如何將古代與現代連接起來，「原生論者」認為現在的民族就是古代的族裔，「民族」就是「族裔」（葛林非德不同意此說，因為他要強調一個民族包含很多個族裔），「族裔」不會改變；「持久論者」接受「演化論」的觀點，承認「族裔性格」會變，但不會變不見，就像「睡美人」一樣，等待喚醒。簡單的說，「原生論」強調「既定」與「不變」，「持久論」注重「變化」與「耐久」。

五、結論

本文以八位民族主義研究的學者為例，依據他們在著作中對「民族」和「民族主義」產生的時間和本質的論述，將他們區分為「原生論者」或「持久論者」。從整個民族主義論辯的大環境來看，這兩種方法沒有太大的差別，彼此之間常有重疊和矛盾的地方。如何界定他們的身分，其實沒有太大意義。這兩個術語只是一種方法或「透視法」，借由它們來了解民族主義，本身不是研究的目的。

「原生論者」（含「持久論者」）都認為民族在前現代（即十八世紀）以前便存在，但對所謂「古代」的時間點從八世紀到十八世紀都有人主張，大致而言，都以英國為第一個民族，始於十六世紀左右。「持久論者」比較偏向於認為「年代久遠，無法追憶」。對於古代的民族和現代民族如何銜接的問題，二者都強調從古代延續下來，但對過程卻有爭議。「原生論者」強調現代民族的「原生性」和「不變性」，「持久論」則看重現代民族經歷時空變化後的「持久性」。「原生論者」無法清楚界定民族與族裔的差異，族裔認同和民族主義經常被混用，我們必須先了解作者著作以哪些地區為研究對象才能判斷。在東歐或第三世界地區我們就得從族裔的角度去理解民族主義，如果是西歐的已開發國家，就得從民族去理解。總的來說，這種方法所研究的對象多是中東歐、亞非等地的「新興國家」，研究的學者都帶有濃厚的族裔情感。

在全球化的時代，以公民民族主義為主軸的國家認同只是一種脆弱的人群聚合，民族可以建構，國家可以建構，但對族裔情感的依附自始至終都無法割捨掉。對相信民族是原生的和持久的人來說，「民族性」就像桑塔耶納（George Santayana）所說：

> 我們的民族性就像我們跟女人的關係：道德上太複雜以致無法光明正大加以改變，偶然性太大，也沒有改變的必要（引自 Gellner, 1983）。

Chapter 5
影視史學用於通識教育之商榷

一、前言

史家海頓·懷特（Hayden White）在1988年12月號的《美國史學評論》（American Historical Review）上，發表了一篇題名為史料編纂與影視史學（Historiography and Historiophoty）的文章，「影視史學」一詞開始成為史學思想史研究的一門專門學問。懷特創造了一個新字彙，從字面上來看，應該是結合了歷史與圖像，在英文本身便不易理解，要譯成中文，也是煞費苦心。研究西洋史與史學理論的周樑楷老師將之譯成「影視史學」，雖然仍有一些人覺得不妥，但時至今日，也沒有別的名詞可以取代，「影視史學」一詞漸漸成為專業的術語。

台灣一些研究西洋史的學者與研究生也在周樑楷的帶領下，逐漸擴展影視史學的知名度，除了在大學中開授「影視史學」的課程外，更進一步舉辦研討會，吸引一批高中的歷史教師參與研習，傳授藉由影視資源輔導歷史教學的技法。「影視史學」在台灣歷史教育中，逐漸成為探討主題。隨著視訊工業的發達，歷史素材被大量融入各類視覺影像中，以影片方式從事教學已是普遍被使用的教學方式，也因此引發各界的關注。

在專業與傳統的史學領域，「影視史學」尚未取得正統的地位，但在非專業或普羅大眾之中，影視史學已經變成一種流行風潮，誠如戈爾．韋達（Gore Vidal）所說：「我們終將承認，教育體系在引介歷史傳承的功能中，將會逐漸褪色；最後，年輕人是靠電影來了解過去的。」（Carnes, 1998:前言）這樣的說法或許有人會覺得誇大，但是不可否認，現代普羅大眾依賴電影與電視獲取歷史知識的情形愈來愈嚴重，這是當前歷史教育必須省思的現象。

本文目的在從二元論的角度來解析這種現象。「二元論」是一種宣稱存在兩種不同事物的哲學理論，例如柏拉圖指出的暫時事物與永久形式之間的不同。笛卡兒的「心／實體」二元論：意即心是有意識的，實體會占空間。前者向來是正確無誤的，後者容易犯錯，可以感知的。從柏拉圖和笛卡兒的「二元論」又衍生出「倫理學的二元論」（ethical dualism）、「詮釋的二元論」（explanatory dualism），通常稱之為「認識論的二元論」（epistemological dualism）（ Bullock and Stallybrass, 1977:183）。在人類知識的分類中明顯可以看到柏拉圖和笛卡兒的影響。在眾多的二元論中，通常我們最熟悉的二元論是「好與壞」，常被引申為「光明與黑暗」。

一種單純的史學理論和教學方法，為何會變成好與壞的選擇，事實上是因為歷史教育本身即是一種民族主義教育，誠如新左派史家奈倫（Tom Nairn）所說：

所有的民族主義既是健康的也是病態的，既是進步的也是倒退的，這種屬性從一開始便已嵌刻在民族主義的骨子裡。這個結構上的事實幾乎沒有例外，對民族主義而言，這是非常精確的陳述：民族主義的本質很曖昧。」（Nairn, 1981:347-8）

奈倫稱這種屬性為「雅努斯」（Janus）特質。「雅努斯」是古羅馬的門神，其藝術形象常有兩副面孔，「它站在大門口的高處，一面向前看，一面向後看。正如民族主義佇立在人類社會走向現代的道路上」（Nairn, 1975:18）。

也就是說，影視史學的資料是經過整理與編輯的知識，比文字書寫的歷史記錄內含更深的意識形態。文本的史學比較不容易產生誤導，但是影視所傳達的史學容易被操控，且一旦出現錯誤已無法回。因此，就一個歷史教育工作者而言，對影視史學自然就是既愛又恨，這種兩難矛盾，勢必阻礙影視史學作為一門知識論的發展。最後的問題可能不在如何改善教學的方法，而是根本不相信影視所呈現的歷史真相。影視要比文字更容易造假，且易於被相信為真。對一般大眾而言，無從辨別真假的「故事」，與小說沒有兩樣，這正是史學教育最擔心的事，影視史學正在加速這種趨勢發展。

二、影視史學的意義與發展

在為「影視史學」下定義之前，我們必須先回顧懷特寫這篇文章的初衷，也就是說我們必須先了解懷特「杜撰」（coin）「影視史學」（Historiophoty）一詞的目的。在同一期的《美國史學評論》（AHR）上也刊登了羅伯特．羅森史東的文章：圖像的歷史／文字的歷史：論把歷史精準拍成電影的可能性，羅森史東認為歷史是可以透過電影來呈現的，懷特為了探究這個「假定」（premise）於是創造「影視史學」一詞來描述歷史電影的研究。在懷特看來，未必真的有「影視史學」的存在，或者一定得要有「影視史學」，這篇文章真正的用意是要讀者思考，如果真有「影視史學」這種東西的話，那會是怎樣的一門學問？對懷特來說，傳承歷史的方式有兩種，一是文字的「史料編纂」，另一是「影視史學」。雖然我們仍然不清楚懷特的用意，但是自從他的文章刊出後，「影視史學」一詞不但大家都在談，而且成為專業的研究。影視史學的發展代表一種更多元、更開放的社會取向，但是沒有史學史、史學思想底子的人，無法做好影視史學。換句話說，影視史學存在著許多隱憂，雷伯（Bryan Le Beau）在當史料編纂碰上影視史學：電影史學的危險與前景一文中已詳細評述「影視史學」的不完美，史家始終不相信視覺媒體能夠準確傳達歷史訊息（Le Beau, 1997:151-55）。

所謂「影視史學」，依照懷特的定義：「以視覺的影像和影片的論述，傳達歷史及我們對歷史的見解」（周樑楷，1996:8-1），如電影、電視、電腦的「模擬寫實」（virtual reality）、岩畫等，以及這類媒體所傳達出來的論述和史觀。相較於「書寫歷史」，「影視史學」更具強烈的感染力、表現力與吸引力。其中電影是個時間適當，又能傳遞時代氛圍的傳播媒體，因電影比書寫的論述更能表現某些歷史現象，如風光景物、環境氣氛以及複雜多變的衝突、戰爭、群眾、情緒等。針對歷史與電影的關係，雷伯在上述的文章中評論了三本相關的書籍，分別是卡尼斯（Mark C. Carnes）任總編的《不完美的過去：電影演出來的歷史》，與羅森史東的兩本書，一本是他自己的論文集，一本是其他人的論文匯編，《看見過去：電影如何挑戰我們的歷史觀》、《修正歷史：電影與新版歷史的建構》。

雷伯一開始就提出一個很難回答的問題，也是「影視史學」發展的困境：「為何史家不相信歷史電影」？表面的理由是「電影不夠精確，電影經常曲解過去，電影中的人物、事件、活動總是被小說化、平凡化和浪漫化，電影歪曲歷史（Le Beau, 1977:151）。」事實上，史家之所以對歷史電影抱持懷疑態度，原因是電影超乎史家的掌控，電影顯示我們並未擁有過去，電影創造了一個歷史世界，不論是觀眾數量或受歡迎程度，都是書本難以匹敵的。在一個日漸不重視書寫文化的社會，電影正是其中的一股破壞力量。

面對這類所謂「歷史電影」的「動畫」，史家的處理方式大致可以分成兩種：最普遍的方式是用「準確度」的標準來衡量，把電影也當作專業的史學著作；另一種方式是目前較新的發展領域，即調查作為一種視覺媒介的電影，如何被利用（或應該被使用）成為思考我們與過去關係的工具。前一種以《不完美的過去：電影演出來的歷史》為代表，後一種以羅森史東的作品為代表。

相較於史家對歷史電影的思考，電影製片或導演顯然不太在意「準確性」問題。在卡尼斯的書中收錄了一篇由美國著名史家，哥倫比亞大學歷史教授艾瑞克・豐爾（Eric Foner）的短文，從他與導演約翰・謝雷斯（John Sayles）的對談中，我們多少了解到歷史電影的本質與製作。電影製片人會在乎史家如何評論他們的電影嗎？在謝雷斯看來，答案偏向否定。謝雷斯解釋說：歷史電影是導演與製片的創作，但劇情絕對不是憑空虛構，因為觀眾會更喜歡真實發生過的事。進一步說，歷史電影容易拍攝，因為故事大綱早已存在，而且，如果故事流傳夠久，可能本身早就是家喻戶曉的傳奇了。就像史家一樣，每位導演心中都有自己的構圖，二者的差別在於史家的作法是一本書接著一本書的寫，而且可能因為身處學院中，有更多的參考文獻可用。對導演來說，歷史是一個隨時會被掠奪的「故事」穀倉，要什麼就搶什麼，出發點是有沒有用，至於正確與否不是考量的重點。有的導演會請史家當顧問，協助一些場景、道具、化妝等細節，但是只有導演才知道電影會拍出怎樣的大場面。

電影在1895年時才誕生，在此之前不會有人談論歷史與電影的關係。西方到十九世紀才有所謂專業化史家，也就是強調專業化訓練。他們以資料的收集、考證為入手，以專題論文、專書的方式來寫作，並形成自己的社群。任何社群都有排他性，也因此，產生專業史家與業餘史家之分。一些傳統的史學作品，例如希羅多德（Herodotus）與吉朋（Edward Gibbon），雖然仍受肯定，但其敘事方式已逐漸被捨棄，而一些史詩、歷史劇與歷史小說等，文本雖牽涉到歷史，但是已不配當成是史學的範圍了。

到了1960年代社會運動時代，大眾文化被重視，專業史家也開始注重影像的東西，如年鑑史家費侯（Marc Ferro），他的文章大概在1960-70年代寫成的。從1960年代開始，非專業史家或非專業的歷史作品日漸有地位，所以電影、「口述傳說」（oral tradition）、圖像等通通拿來重新檢驗。美國有好幾個關於電影與歷史的學會，也有好幾個學校成立電影與歷史的研究中心，有專業史家投入此行列；AHR在這十幾年以來經常有討論影視史學的文章或影評；此外，AHR每月的Perspective也經常有影視與歷史或影視教學的文章，美國對這方面的研究，已形成學術社群（community）（梁豔春，2009:72-5）。

三、歷史電影與影視史學的爭議

（一）歷史電影與電影史

誠如周樑楷所說，影視史學不是電影史，也不是談如何用影視媒體來教學。影視史學可以談電影史、談教學，但是影視史學本身應該是一門學問，有自己的知識論。目前影視史學這門學問的知識基礎尚不是很穩固，因此，我們對影視史學的關心，必須從知識論的基礎出發，使之成為一門學問。當我們談論影視史學時，講的並不只是電影、電視與歷史，而是講影像視覺的歷史文本，及其中的思想問題，除此之外，非專業史家的歷史文本，口語的、文字的、圖像的、包括靜態的任何圖像的歷史文本，都值得研究，所以文字的歷史文本，固然重要，非文字的歷史文本，對我們理解歷史的真象仍有其一定的價值。

洛奇摩爾（Joseph H. Roquemore）在《電影中的歷史：史上最好與最濫的歷史電影導覽》一書中明白表示，歷史電影絕對不只是娛樂，它是一種可以型塑大眾對歷史認知的潛在力量，不獨過去的事件，甚至會延伸到對當前社會的觀感，不可小看電影的影響力。從「前言」開始貫穿整本書，洛奇摩爾一直在強調，沒有所謂「絕對的」歷史，也沒有「客觀公正」的評論，歷史電影之所以迷人就是任何人都可以一邊觀賞一邊批評。在此之前卡尼斯已編過類似的書籍，《不完美的過去：電影演出來的歷史》集結了60篇電影評論短文，是卡尼斯遊說60位不同領域的歷史作家或歷史學者所寫的文章。

選擇的片子是大家所熟悉的經典歷史片，例如《凱撒大帝》（Julius Caesar, 1953）、《天譴》（Aguirre the Wrath of God, 1972）、《叛艦喋血記》（Mutiny on the Bounty, 1935）、《大地英豪》（The Last of the Mohicans, 1992）、《加里波里》（Gallipoli, 1981），以及《甘地》（Gandhi, 1982）等。這些電影所呈現的歷史故事，幾乎已家喻戶曉，像原名「最後一位摩根人」的《大地英豪》更是重拍十數遍。有些歷史學者甚至不諱言，他們之所以對歷史感興趣，來自小時候曾看過的歷史電影。由於這些「影評」是歷史學者所寫，因此，其中不乏對歷史本質的真知卓見，也讓我們了解到歷史真相的難以捉摸。

這本書最讓人印象深刻的是，不管電影多麼努力想要「重建」歷史現場，結果總是離「正確」還有一大段距離。因為電影是時代的產物，人們對自己身處的歷史時代，感觸不同，情境也不同。例如，在一百年後來理解「辛亥革命」，絕對不同於1911年時的當下。這些年來，華人世界拍攝過與孫中山、辛亥革命相關的電視、電影不勝枚舉，不管收視率或票房如何，「歷史」從來不是觀眾想要探討的主題。若不是因為兩岸三地都在競相籌辦辛亥革命百年活動，不會引發這股電影熱風潮。

歷史電影不同於紀錄片，不論如何精心舖陳史實，大部分的劇情都是虛構的。從電影美學的角度來看，導演在意的是影片的商業或藝術價值，歷史精確度只要不太過於背離一般常識即可。基本上，歷史有五大要素：人、事、時、地、物。有形的場景與物件，容易判別真假，無形的意念與情感最難拿捏。因此，觀眾會比較在意演員與實際的歷史人物長得是否相像，對歷史事件的發展經過，多數人都沒有這種歷史知識或素養以判別對錯。以2009年12月發行的香港電影《十月圍城》（Bodyguards And Assassins）為例，在內地的票房破三億，獲觀眾與影評人一致好評，劇情高潮迭起，無名英雄人物和情節的刻劃細緻入微，加上精采的武打動作連場，讓人屏息以待。但是這些都不是真的歷史，要讓它更加真實必須藉助歷史場景。這就是為什麼會花大錢將百年前的維多利亞港及中環街道重現，並以特技化妝塑造孫中山的面容，自然是為了增加了影片的可看性和「真實」性。

（二）歷史電影與記錄片

歷史電影，終究是電影，無論如何強調接近史實，依然擺脫不了虛構的本質，觀眾心知肚明，那是演出來的歷史，它與紀錄片不同。紀錄片指的是描寫、記錄或者研究實際世界的電影片，與紀錄片相對的是故事片。紀錄片（在大多數情況下）不需要演員來表演。在紀錄片中表現的人、地點、情況必須與實際情況一致。紀錄片的範圍非常廣，它從盡可能完全紀實的片子開始，但是也包括了真實肥皂劇，甚至寫實劇。紀錄片中也可以包括表演的內容，比如體現某個情節發生的過程或者可能發生的過程。即使如此，觀眾依然會感到這些表演的內容非常真實。從技術上來說最早的電影幾乎全部是紀錄片，最早的電影大多數是直接拍攝生活中的一段情景，比如一列開入火車站的火車，或者下班的工人等等。1901年至1906年奧地利民俗學家魯道夫・普契（Rudolf Pöch）拍攝了新幾內亞的土著居民的生活，可以被看作是真正的紀錄片的先驅。

紀錄片的發展，只有短短的一百年，與電影的歷史差不多。歷史電影是重建歷史現場，紀錄片則是當下的情境呈現。前者的歷史詮釋權掌握在導演和編劇手中，後者則是取決於攝影師或剪輯師，最終則是製作人意志的展現。例如大陸中央電視台所拍攝的超大型紀錄片《百年中國》，全片共52集，300期，每期5分鐘，共1,500分鐘，是迄今為止反映百年中國歷史最為全面完整的文獻紀錄片。這部紀錄片不僅資料收集得非常齊全，很多影像資料都來自國外和台灣，而且內容涵蓋面很廣，政治軍事經濟文化生活，全方面地介紹百年中國。美中不足的是在內容劃分上，有點類似《資治通鑒》，這樣的斷代體史書，受年代的束縛太重，一個章節裡包括多個主題，而同一主題往往又出現在多集中，不適合觀賞，也不容易引起共鳴，就歷史文獻的整理而言，有其價值，作為所謂「影視史學」或「大眾史學」的傳播而言，既不叫好也不叫座。中國人用影像記錄歷史的意識並不強烈，在中國電視史上，紀錄片長期以來與歷史學並沒有多大關係（常仕本，2009:157-8）。

（三）傳記與傳記電影

觀眾不喜歡看紀錄片，而歷史電影又往往背離史實，如何拍攝一部真實可看的電影，是傳記電影拍攝的目的。在中外電影史上，以歷史人物的真實故事為題材改編而成的電影，多到無法舉例。偉人的傳記電影的確可以激勵人心，不論從電影的商業價值考慮，或從電影承載的政治與社會責任，傳記都是電影很好的題材。有些電影就直接以人物為片名，例如：《甘地》（Gandhi, 1982）、《末代皇帝》（The Last Emperor, 1987）、《聖女貞德》（Messenger: The Story Of Joan Arc, 1999）、《亞歷山大大帝》Alexander, 2004）、《成吉思汗：征服到地與海的盡頭》（GENGHIS KHAN ：to the ends of the Earth and Sea, 2007）、《以愛之名：翁山蘇姬》（The Lady, 2012），以及最近得奧斯卡最佳女主角獎的《鐵娘子：堅固柔情》（The Iron Lady, 2012）等，都是大家熟悉的歷史人物。但是也有一些電影，有些雖然也是傳記電影，但從片名不易了解，除非對歷史頗有認識，例如《帝國的毀滅》（The Downfall, 2004）、《末代獨裁》（The Last King of Scotland, 2006）、《女王》（The Queen, 2006）等。

傳統的中國史學，「本紀」記載帝王，「列傳」記載一般官民，雖然也有「紀事本末」的體例，但是一般而言，都以人物作為記錄歷史發展的主軸。像是英國BBC電視台所拍的一系列英雄片，名為「剽悍古戰士」，包括法國拿破崙、斯巴達克斯、日本德川家康、西班牙征服者科提茲、英國獅子心理查、匈奴王阿提拉等。不管後人視他們為英雄或梟雄，他們充滿野心與過人膽識的戎馬一生，有人紀念他們輝煌的功成名就，也有人嘆息他們覆水難收的慘痛失敗。學習軍事家運籌千里的極致智慧，洞燭機先的判斷力，可以幫助我們在混亂局勢中找到出路。

歷史學家並不關心一般人物拍成電影後的真假問題，觀眾看《莎翁情史》（Shakespeare in Love, 1998）、《羅密歐與茱麗葉》（Romeo and Juliet, 1996）時，會沉浸在愛情的悲喜氣氛中，此時如果還去問「這是真的嗎」，未免太不解風情。歷史上沒有任何資料證明莎士比亞有任何一個情人，但很多人猜測莎翁能夠寫出「羅密歐與朱麗葉」這樣的曠世愛情悲劇，肯定和自己的親身經歷或多或少有關，於是在本片中我們可以看到大眾普遍的猜測。

（四）歷史電影與民族主義

戲劇的結果我們已經知道，情人肯定會分離，但電影的結局卻不是悲劇，當然也不是喜劇。如果傳記電影涉及國家民族，或是對偉人的評價，乃至意識型態、民族主義等原本就具有爭議性的議題，除了歷史學家有意見外，一般國民也會抗議。梅爾吉勃遜（Mel Gibson）的《英雄本色》剛上映立即引來歷史迷的批評，影片中呈現的威廉華勒士（William Wallace）是個勇敢的英雄，是個好男人；但是在歷史迷的認知中，蘇格蘭人的華勒士跟英國人一樣殘忍，一樣手下不留情。電影中的華勒士已經不是單純的歷史人物，即便合於史實，但在民族主義的催情下，依舊充滿爭議。

電影承載民族主義最佳的例子是《聖雄甘地》，這部榮獲奧斯卡最佳影片、最佳導演、最佳原著劇本、最佳男主角、最佳攝影、最佳美術設計、最佳服裝設計、最佳剪輯八項大獎的電影，竟然是英國人主動拍攝的「反英」電影，而且更將印度國父——甘地神格化，塑造成一個聖人。導演在片子一開頭就說：「一部只有三個小時的電影，是不可能展現甘地的一生，影片所能做到的，就是盡其可能忠實表現他的精神。」孔子作《春秋》，亂臣賊子懼，歷史電影同樣有其潛藏的動機。

以最近剛上映的《孔子：決戰春秋》（Confucius, 2010）為例，對國人來，就好像一本立體化的教科書，以前讀《論語》，幾乎都是背書默寫、枯燥乏味到上課打瞌睡。電影卻能以影像來呈現，孔子一身教育理念、《論語》內文的意義、當時的歷史事件，讓人印象深刻，也讓人有耳目一新的感受。然而卻有一些網民認為，《孔子》並非一部真正意義上的史詩影片，而是借孔子宣傳中國共產黨的政治立場，馴服國民。如果拍攝者真的有這種動機，歷史電影顯然淪落成政治的工具。

電影在十九世紀末發明之初，承襲了照像技術「寫真」的特性。人們對於一張照片的特有認知，即是照片中所呈現的事物是在某一特定時間和空間，正在發生或曾經發生的事，簡單的說，它是「真實的」（real）。至於電影這個藉由連續拍攝的攝影機（motion picture camera），透過特定放映機器，程序相反的投射於銀幕的畫面而言，它是「合理的」，但真實度會受到質疑。電影剛發明時，其拍製手法僅止於如同照像技術一般，停留在反映和顯現外在世界真實的可能。然而，幾乎就在電影發明的同時，電影製作就出現了實錄紀事和陳述故事的兩個傳統。不管是那一種傳統，一旦遷涉到國家與民族的敘事時，就會出現史觀的問題。

四、影視史學與歷史詮釋權

「影視史學」看似新鮮的舶來品，其實講的就是電影、電視所演出的歷史故事，及其想傳遞的歷史意識。這幾年，東亞的幾個國家都在拍攝歷史大劇，行銷海外，藉此形塑該國的「民族符碼」。由於台灣的歷史地位有點曖昧，以致經常被「吃豆腐」，歷史被人不當詮釋，導致人民逐漸懷疑自己的歷史，連帶的也忘了由歷史意識所建構的民族主義與愛國主義。日本NHK電視台向來愛拍以「大人物」為主的「大河劇」，自1963年以來每年拍一部，至今已有49部作品問世，先前所播出的是以幕末志士坂本龍馬為主角的《龍馬傳》。

這種以歷史人物或是一個時代為主題（即所謂的時代劇）的連續劇，屬於考證較嚴謹的戲劇。韓國的「影視史學」現象始於90年代中期以後，「韓劇」有兩大主軸，一是愛情偶像劇，一是歷史劇，特別是後者，著眼的不僅是商機，更是新歷史意識的展示。由於韓國千百年來始終夾在中日兩大強權陰影下求生，所以一旦經貿實力獲得世人肯定，必然要透過歷史耙梳和翻案，讓它的不少行徑合理化。例如《明成皇后》與《大長今》，前者要告訴世人的是韓國抗拒日本的強力決心，後者則順勢推銷了韓國文化，這些「影視史學」都有重喚韓國民族情緒的深刻用心。

中國的「影視史學」直到九〇年代中期才開始嶄露頭角。《雍正王朝》、《康熙王朝》、《朝隆王朝》、《走向共和》等，因為都是清代戲碼，常讓人誤以為中國的歷史劇就是清宮劇。之後才開始有對於漢唐盛世的描摹，例如《大漢天子》、《漢武大帝》、《貞觀之治》等，都屬氣魄雄渾之作。倒是描寫明思宗敗亡的《江山萬里情》，似乎有弦外之音，像是1949年前後的國民黨政權，又像今日深陷藍綠惡鬥的台灣政壇，許多政論節目的名嘴特別愛藉此發揮。

相較於中日韓三國的「影視史學」方興未艾，台灣的電影市場似乎還陷在偶像劇的泥淖中。在電視看三台及中影全盛時期，台灣也推出不少歷史大劇及愛國影片，在那個風雨飄搖的年代，對激勵人心、鼓舞士氣，貢獻很大。到九0年代以後，中國意象沒了，台灣的定位也浮現不出來。當中國以其大一統史觀製作《施琅大將軍》時，明白的告訴世人，台灣是「中國的」，尤其是《建國大業》的發行，擺明的就是要屈台灣之心。大陸所拍的歷史電影，政治意圖都相當明確，宣傳的價值恒大於歷史知識的傳遞。

2011年台灣終於有一部「台灣史詩」電影。在拍完《海角七號》後，魏德聖終於完成必須分成上下兩集放映的劇情長片《賽德克・巴萊》。電影描述1930年代日治時期，因殖民統治當局對台灣原住民壓迫式的理蕃措施，迫使賽德克族馬赫坡社頭目莫那・魯道率領族人群起反抗，因而引發霧社事件的始末經過。擔任該片監製的國際知名導演吳宇森盛讚：「《賽德克・巴萊》喚起了我們曾經遺忘的、忽略的這段發生在台灣土地上的歷史，是台灣第一部真正史詩般的電影，也是全人類或全世界都會感動的故事！」

是否真的感動，當然是見仁見智，電影是否符合史實也有人持不同的意見，即便導演也不認為這是他要承擔的責任，作為一種藝術表達方式的電影，美學的價值更勝於史學。無論如何，這部電影透露，台灣若繼續在影視史學上保持沉默，等同於放棄自己的歷史詮釋權。

五、歷史劇情片與歷史重現

電影有兩個主要的功能，第一個是通俗娛樂的大眾文化，第二個則像是其他的媒介，具有強烈的訊息傳遞和記錄功能。正因為如此，電影中的意識型態有著恆久價值、透析人性的可能性，也藉由電影的意識型態，我們才能夠將電影引入藝術批評以及文化分析的範疇之中。

面對愈來愈多的歷史電影，以及幾近泛濫的「影視史學」，馬西爾．藍迪（Marcia Landy）在《歷史電影：媒體中的歷史與記憶》一書的導論中，告訴我們要如何解讀歷史電影，如何透析電影所呈現的「大眾史學」本質。影視史學的發展與「後現代主義」（postmodernism）有密切關係，電影本身就是歷史「文本」，我們在電影中「寫」歷史，並依歷史發展敘事「讀」電影（Landy, 2000:vii）。所有有關歷史與電影的探討，最後還是要回到最初始的問題：歷史是什麼？雖然「影音資料」（audiovisual materials）（特別是電影與電視）是今日大眾資訊、知識與娛樂的來源，成了我們生活的一部分，然而歷史學家依舊抱持懷疑與批評的態度。

傳統的書寫史學，歷史研究如同宗教，史家扮演傳教士的角色，獨享歷史的詮釋權。影視史學將歷史的詮釋權讓給一般大眾，即便是文盲也可以接近歷史，「影音史料」讓歷史現場重建變得更容易。但是，如同羅森史東所說，在還沒有被「創造」（created）之前，歷史是不存在的。換句話說，歷史是人們依據所處的時代環境，本著個人對過去的理解與想像所「鑄造」（coin）出來的「景象」（visions），真與假的判斷不是經由「證據」，而是符合觀眾需求的「推理」與「想像」。「影視史學」之所以受歡迎，道理很簡單，它讓普羅大眾盡情揮發對過去的想像。歷史不再是一層不變的教條，它是可以被「捏塑」的，也就是說，人人都可以是「史家」。

影視史學與電影的流行關係密切，從十九世紀末電影發明之日起，發展歷史迄今也不過一個世紀罷了。在電影發展史上的默片時代，影視與歷史的關係還不曾引起歷史學家的注意。歷史學家開始正視影片與歷史的關係，是到了二次世界大戰後，確切地說，影視史學獲得歷史學家的注意是在60年代。此時，從普通民眾的視角去觀察歷史人物與解釋歷史事件的風氣漸濃，英國歷史學家愛德華・湯普遜在1966年發表《自下而上看的歷史學》一文之後（Thompson, 1966:179-80），「自下而上的歷史學」便成了學界一個專用名詞，並與傳統的「自上而下看的歷史學」，亦即「精英史學」相抗衡。

從史學史的角度看，歷史學大體可以分為「精英史學」和

「大眾史學」。自古以來，「精英史學」常為當權者所駕馭，例如西方的傳統史學，著力要表現的是政治事件和顯要人物，書寫史學的宗旨則在為此目的服務的；大眾史學多以口耳相傳的形式流行於坊間，以中國古代的大眾史學而論，那些視覺感極強的畫像、磚石、壁畫、畫冊，那些聲情並茂的俗講、變文、詞文、說話、鼓詞和戲曲，那些富有影響力的口頭傳聞、話本、小說等等，都可以歸列其中。因此我們可以這樣解讀，影視史學註定帶動大眾史學的發展。

而問題也就出在這裡，不可否認，影視史學比書寫史學具有更強烈的感染力，具有某種「攝人心魄」的震撼力。一部優秀影片或經典之作，往往擁有比書寫史學更為廣泛的受眾階層。從表現形式來看，影視史學與書寫史學的明顯區別在於傳達的媒體的不同：書寫史學依賴書寫文字以反映歷史，而影視史學則是影視技術與歷史學科相交融、相嫁接的產物，它借助現代影像與音響技術以表現往事。由於影視史學引入了影像與音響，這種視聽思維的文化，改變了人們長期來使用的文字訓練與文字語言的線性思維的平面模式，其直捷性與具象性，是文字語言無法比擬的。由這種媒體革命而帶來的深刻變化，對習慣於用書寫形式來研究歷史的傳統史學，不啻是一種巨大的挑戰。

這個挑戰就是歷史作品（包括書寫的歷史著作與歷史影視片）能否復原歷史？客觀的歷史是不能復原的，客觀存在的歷史與書寫的歷史或歷史影視片所要反映的往事之間是有距離的，這兩者之間永遠是一條漸近線。很多歷史劇情片都努力要「重現」當年的場景，影視史學所探討的電影，主要也是在比對經由想像重建的事件是否符合文字的記錄。為什麼電影藝術家花了那麼多的心血，要「重現」歷史的努力總是遭到史學家的批判，看來歷史電影製作者與影評家都要在這一點上取得共識，即：真正意義上的「重現」是不可能的。

中國大陸拍了很多歷史劇情片，影視史學常被拿來學界拿來討論，但是一般專業史家多不願承擔大眾史學的傳播工作，較為積極的反而是文學藝術家。這種大眾史學的非史家化現象，與史家的非大眾史學化現象，其實就是歷史教學的困境。作為專業的歷史教育和作為通識的歷史教育，似乎存在著一道鴻溝（胡慶明，2007：202）。而普遍藉助於影視資料作為教材的結果，助長了通俗史學的發展。影視史學最終要和「通俗史學」、「大眾史學」和「公共史學」三個概念結合在一起，其中尤以「公共史學」最能滿足當前的歷史教育，是描述普及應用型史學最恰當的概念。

六、影視史學的趨勢與歷史教育的商榷

誠如周樑楷老師所說，影視史學發展到今天仍然沒有形成一套完整的知識論。在國內，除了周樑楷也沒有別人可以被聯想到影視史學，而在懷特之後，一樣沒有進一步關於影視史學的理論。作為一種史學理論，「大眾史學」或「公共史學」會較具發展性（周樑楷，1999：445-470）。影視本身只是一種工具，透過影視工具傳達歷史知識，塑造歷史意識，只是不論影視承載多少的歷史素材，再如何逼真的歷史電影，依然是電影，不是歷史。

教學與研究不同，拍電影和寫歷史也不同，就算讓歷史學家來當導演，歷史依舊無法「重現」。把影音圖像資料拿來作為歷史教材，或者使用影音工具來記錄、表達歷史事件，或者以影視內容探究歷史真相，比對歷史場景，把這樣一種研究或教學方法名之為「影視史學」，是對「史學」一詞的誤解。

從西方史學史的發展來看，影視史學是一種新的理論，涉及歷史真相能否「重現」或「重建」的爭議。也就是說，研究影視史學至少必須具備西洋史與西洋史學史的素養，其他專業的歷史研究當然也有權力研究，只是無法深入，因為其間必須討論太多西洋思想史的問題。許多教師誤以為影視史學是如何藉由影片引導學生思考，重建歷史並還原原貌，認真思考影片的不合理處，進而去探討真實的事實並察訪歷史真相以達到歷史學習的目標（王文景，2007）。因為這樣的認知，影視史學變成電影欣賞與評論，以歷史電影或歷史劇情片作為文本，最大的危險在於這「文本」早已經過變造，不是我們所認知的文本。除非是未經剪輯的紀錄影片，或未經篩選的圖像資料，才有較高的史料價值。

影視史學從一開始就註定與歷史電影脫離不了關係，懷特分析了《誰殺了甘迺迪》（JFK, 1991）與《返鄉第二春》（The Return of Martin Guerre, 1982），周師也撰寫《辛德勒名單》（Schindler's List, 1993），評論史匹柏的影視敘述和歷史觀點。大陸史家張廣智則以《紅櫻桃》（Red Cherries, 2007）和《人約黃昏》（Evening Liaison, 1996）作為個案分析的例證，討論歷史劇情片與史學之間的關係。類似的文章相當多，普遍出現在通識教育的刊物上，但多屬「試論」或「淺談」，沒能推衍出關於歷史意識或大眾史學的論述。

歷史電影不等於影視史學，這點毋庸置疑，只是很多教歷史的人，甚至也包括非專業的文史工作者，總愛以影視所演出來的歷史作為講解歷史的文本，進而探討劇情所呈現的歷史意義。這是本末倒置，大部分的歷史電影都是依據書寫歷史的內容編劇，先有文字書寫的歷史才有影視建構的歷史，一些常被作為影視史學教案的電影，幾乎都是閱聽大眾耳熟能詳的故事，有的可能已寫成小說。一般而言，我們可以明確區分歷史小說與歷史文獻的不同，對於歷史電影中的情節，只要不過於跳tone，不符一般認知，通常會被認為那就是真實的歷史。影視呈現史學使歷史教育更容易被操控，影視導演掌握了歷史的解釋權，閱聽大眾被強迫接受他們的歷史觀，史匹柏之於《辛德勒名單》，一如魏德聖之於《賽德克‧巴萊》，其他那些富含政治意圖的影片，更不用說了。

以歷史為題材的電影方興未艾，影視史學作為一門知識論或史學流派，已經到了發展的瓶頸，一方面是記載歷史的史家和製作影視的製片是不同的人，目的不同，對象也不同，考慮的因素也不同，電影需要更多的商業考量，若單純只是為記錄歷史，自然可以不計成本。這又引發另一方面的問題，即史家對影視歷史的不信任，所有歷史劇的背後似乎都隱藏著統治者的陰謀，政府出資獎勵拍攝的紀錄片，就像官方版的歷史教科書，歷史真相永遠不會只有一個版本。這就是「大眾史學」的核心論述，影視史學是「公共史學」的體現，歷史不再是過去「真正」發生過什麼事，而是我認為「經過」是這樣的，我「想像」是這樣的。

當看完一段影片後，教師會問同學的意見，你們覺得如何？於是會有各種討論，各種自以為是的歷史，各種合理推論的歷史，如同黑格爾所說：「合理的就是真實的」。對一向強調證據的專業史家來說，合理不一定就是真的，偽造的歷史可以很逼真，很合理，終究是假的，不是歷史。影視史學不是歷史考證學，不太處理真假問題，真假都有它的意義，有時候，杜撰的歷史更能反映真相，這是影視史學非常吊詭的一個面向。

七、結論

從一開始「影視史學」便不是一個精確的字，可能是因為它很新奇，加上電影與電視普遍成為人們生活休閑的重要媒介，讓教歷史的老師終於找到另一種省時又省力的教學方法。在某些人看來，影視史學是懶人教學法，電影欣賞是真，教學是虛。歷史研究和歷史教學，專業的史學和大眾史學（通識教育包含在內）一直有一道鴻溝，各自有其研究者和擁護者。誠如復旦大學歷史系張廣智教授所說，當今中國大陸學界專業史家多不屑於承擔大眾史學的傳播工作，而把它拱手讓位於文學藝術家，這是一種大眾史學的非史家化現象與史家的非大眾史學化現象。好或壞當然是見仁見智，可以肯定的是影視史學是歷史大眾化的最佳方式。

兩岸談論「影視史學」的人，幾乎都要提一下周樑楷老師，但大家似乎只看到作為一種歷史表現法和教學方式的歷史電影，對做為一種知識論的史學理論，顯然沒有能力加以闡述。本文著重的是影視史學的歷史意識，歷史的詮釋權，而民族主義正是歷史意識中重要的一環。能夠作為歷史教學的影視素材，必須具備這樣的條件，也因為這樣，影視史學與歷史修正主義經常被結合在一起。本文所例舉的這些電影，都隱含著某種程度的修正史觀。

既然「史觀」是問題的核心，必然也就是個價值判斷的問題。簡單的說就是，誰拍的歷史，給誰看的歷史？史蒂芬・史匹柏拍《辛德勒名單》、文建會拍《築夢者孫逸仙》、NHK拍《龍馬傳》、魏德聖拍《賽德克・巴萊》都可以理解，只是有一個問題，也就是我所說的「二元論」現象。影視史學不適用於完全不具備歷史知識的人，由於無從判別史實的真假對錯，自然沒能進一步去討論何以對何以錯。對錯的背後都有其主觀的歷史意識，我們終將發現，NHK拍《賽德克・巴萊》，魏德聖拍《龍馬傳》，結果會很不一樣。這恐怕不是單純的「大眾史學」問題，還有版本問題，選擇哪一種歷史版本來講解，這才是通識教育最大的難題。選擇的標準之一就是好與壞，對與錯，這個二元論的思考模式將會決定歷史的真相，如果有真相的話。

Chapter 6
論Holocaust的研究與族群和解

一、前言

今年是二次世界大戰終戰六十週年，世界各地都有慶祝活動在舉行，許多政治人物紛紛重回波蘭小鎮奧斯威茲（Auschwitz），檢視這個納粹最大的集中營。一方面憑弔死難的亡魂，一方面呼籲世人記取大屠殺的教訓，不要重蹈歷史覆轍。然而，在這些發人深省的言論背後，大家不免憂心反猶問題的死灰復燃，以及世界各地仍有層出不窮的族裔衝突。種族之間的仇恨，顯然沒有因為一堆諾貝爾和平獎的頒出而消解。寬恕是必要的，的確，沒有寬恕就沒有未來，問題是誰該寬恕，要寬恕誰。我們的寬恕是否能抑制不公不義的發生，或是助長罪惡的滋生。這實在是一個兩難的問題。納粹對猶太人的大屠殺與所有的族群屠殺，不論是台灣歷史上的「二二八事件」、日本在中國的「南京大屠殺」、或波士尼亞（Bosnia）與盧安達（Rwanda）的種族屠殺，都應予以譴責。罪惡就是罪惡，沒有任何理由可以作為藉口，寬恕並不意味就此一筆勾銷，歷史從來就不會遺漏任何加害者的名字。在寬恕之前必須先承認錯誤，寬恕才有意義。

任何的政府和政治人物都可以輕易向國際社會發話，向受難者致歉。德國總理施羅德（Gerhard Schroder）向奧斯威茲集中營的受難者表示極度的懺悔，他承認在第二次世界大戰期間納粹在德國曾受廣泛的支持，保證德國人會永遠記住祖先所犯下的罪行。作為一位國家領導人，施德羅必須要有這種承擔責任的道德勇氣，但要讓整個民族背負加害者的罪名，讓這樣的心理負擔時時刻刻壓迫著善良的人民，要他們為不曾做過的罪行贖罪，是太沉重了。罪與罰，加害與被害，原本沒有太多模糊的空間，偏偏歷史就是如此弔詭。當猶太人在巴勒斯坦建立以色列國家後，兩個民族之間的衝突令國際社會也束手無策。強勢的以色列突顯了巴勒斯坦人的無助與無奈，當阿拉伯的民族主義與反猶主義碰在一起，種族衝突的問題變得更加棘手。

在大屠殺六十年之後，聯合國終於公開承認猶太人是大屠殺的主要受害者，而不是被納粹所殺害的眾多民族之一，並且在紐約聯合國總部展出大屠殺的攝影。聯合國秘書長安南（Kofi Annan）要求聯合國會員國絕不可忘記，這個組織是為了對抗納粹的邪惡，或幫助對抗納粹主義形成的恐怖大屠殺而成立的。在安南看來，「整個世代的文明，在當年都遭到納粹澈底破壞而灰飛煙滅（*Taipei Times*, 2005:1）。」安南的評論明顯有其政治上的考量，他將聯合國的成立獻身給猶太人的大屠殺，希望藉此促進以色列和巴勒斯坦的和平。但卻暴露了整個世界都被大屠殺所制約的事實，有關大屠殺的研究愈來愈容不下別種聲音。誠如薩依德（Edward W. Said）所說，苦難無法度量和比較，任何人都不能否認反猶主義和大屠殺這回事，任何民族的苦難史都不應被竄改和否認，但是承認猶太人受過壓迫絕不代表他們可以以此為口實，壓迫另一個民族（Said & Barsamian, 2004:206-7）。

安南感慨人類沒有從納粹的大屠殺中學到教訓，世人都希望大屠殺的事永遠不要再發生，但行動起來顯然不盡如人意。從地球上出現大屠殺的那一天開始，阻止或停止這種行為的嘗試往往都沒能成功。為什麼會發生大屠殺，每個國家的情形都不相同，猶太人有權力要求他們的悲慘命運不能與別的民族相提並論，但不能阻止學者提出不同的觀點來解釋大屠殺的起因，或是稍稍顯露傾納粹的情感。英國的哈利王子（Prince Harry）因身著納粹制服，配帶納粹徽章，招致全世界的撻伐，許多集中營的倖存者甚至主張加以判刑。哈利的身分是不該做這樣的事，但像哈利這種對歷史無知的年輕人在台北街頭隨處可見，假日的鬧區經常有一大堆「同人」穿著「蓋世太保」（Gestapo）的衣服，招搖過市，而我們只當他們是奇裝異服，從來就沒有審慎思考。如今在世界各地，一種「新納粹」和反猶氛圍已經慢慢成形。如果我們只是一味的譴責，固執思想的專制，歷史或許不會重演，但悲劇必然再度發生。

大屠殺是歐洲一千多年來反猶主義的巔峰，也是希特勒個人反猶意志強力貫徹下的結果。為何會發生大屠殺，近年來出現過很多種解釋，反猶主義的行為和動機在不同的國家有不同的偏向。不論這些「理由」是部分的事實或純粹只是「迷思」，都不難理解。任何的共同體中都有歧視和排斥少數民族的傳統，猶太人作為上帝「選民」和流亡的族群，這是它的宿命，從某個角度來看，這也是猶太民族團結的動力。但是，無論如何，再多的原因也不足以充分到想將整個民族滅絕。反猶主義到了希特勒手上究竟出了什麼問題？法因戈爾德（Henry Feingold）的解釋認為「最後解決」（Final Solution）是一個岔路口，歐洲工業體系就在這裡走錯了路。它不是去改善人們的生活狀況，而是開始自殘。奧斯威茲集中營正是現代工廠體系的延伸，大屠殺這個複雜的工程是現代科學精神偏離了正確道路的反映。像這樣一個巨大的社會工程，如果沒有一個高效率的現代行政體系，沒有一群兢兢業業、勤奮工作的人們，這項「社會工程」根本不會實現。

把種族滅絕說成「社會工程」，把大屠殺說成現代管理方法的實現，這種所謂的「現代性」理論必然會招致強烈的批判。把一個具有高度道德涵意的歷史事件貶為現代科技機械化的結果，視暴力為「常態」，把「酷刑」予以合理化，法因戈爾德的這種「道德辯護」對受難者而言太不公平，然而，孰令致之？「歷史修正主義」（Historical Revisionism）的受歡迎不是沒有道理，在反猶主義和反「反猶主義」之間難道不可以有別種聲音嗎？「歷史修正主義者」自認為他們走的正是這樣的一條「中道」。在他們看來，大屠殺的研究已經走偏了，西方國家始終擺脫不了對猶太民族的虧欠心理，想把一千多年來的反猶主義的債一次償還。投注在猶太大屠殺研究和教育上的資源多到讓人嫉妒，網路上多的是大屠殺的資料。各種基金會、討論會、紀念館、博物館、展覽、電視節目和電影，不斷提醒世人，不要忘了猶太人所受的苦難。誠如艾倫（Beverly Allen）所說：

> 現在，有關正在發生大屠殺的新聞資訊比比皆是。然而這些資訊卻明顯受到忽視，連大屠殺發生在歐洲時，西方國家也不願介入、阻止，而大部分的西方道德觀卻正是出自歐洲（Allen, 1996:135）。

許多學者都和艾倫有同感，但未必敢於如此直言無諱。目前的大屠殺研究重點多放在受難者的查考、集中營的分佈、受難的人數、往事的回憶與記錄、以及集中營內部的情形，已詳盡和細密到無以復加的地步。至於為何會發生大屠殺，則不願衍生太多的解釋，如果大屠殺可以找到太多的理由，會讓人產生一種錯誤印象，以為大屠殺是「情有可原」，無形中削弱了大屠殺的不道德性。大屠殺似乎只有一個原因，那就是因為希特勒討厭猶太人。希特勒個人的反猶主義已經到了心理學家所謂的「著魔」（obsession）的程度，他用似是而非的反猶主義和種族純粹理論，長期蠱惑沒有能力反抗的德國民眾，使他們逐漸失去了人性原來的道德良知，「默許」了這場罪惡的發生，但他們畢竟不是真正的「加害者」。將大屠殺歸咎於希特勒及其納粹黨羽，有助化解德國人民與猶太人（以色列）之間的關係，著眼在政治與外交的考量，而不是歷史的全部事實。現實的國際政治，往往使真相難獲澄清，「政治正確」的利益考量永遠大於歷史真相的追求。施明德以他二十五年的囚禁經驗說：「沒有真相，就沒有和解」（Tutu, 2005:19）。政治人物總是呼籲要寬恕，但是沒有真相的寬恕，恐怕只是聊以自慰。

二、一個字各自表述

在英文詞典中有很多描述大屠殺或種族滅絕的字彙。最常用的是Massacre，意為「大屠殺」、殘殺、和對牲畜所進行的大批屠宰；其次是Genocide，意為對一個民族、族裔或宗教群體進行有系統和不留餘地的摧毀；另一個較不常用的字是Pogrom，原先是俄文，專指俄國最後三位沙皇統治時期俄國人對轄境內猶太人生命財產的攻擊，後來則用於指稱納粹對德國和波蘭境內猶太人的大屠殺；但較有歷史意義的則是Holocaust這個字。這個字源自希臘文，意思為（焚燒全獸祭神的）燔祭，中文譯為「大屠殺」。這個名詞的特別定義是「完整或部分毀滅一個國家、民族、人種或某種信仰（Sells, 1996:24）。」在歐美學者中，凡是談論大規模的種族屠殺習慣上會使用這個字。因為被用得太浮濫，以致未能突顯猶太人被種族滅絕的涵意，因此，許多猶太學者寧願用另一個希伯來文Shoah（浩劫），強調猶太人的悲劇不同於其他泛泛的族裔屠殺。在英語文獻中，有關「種族屠殺」的記載大多使用Genocide，Holocaust一字愈來愈趨向於專指在二次世界大戰期間將近六百萬猶太人被殺害的事實。猶太裔學者設法要使這個字成為專有名詞，其理由是：

1. 從動機上來看，猶太人的「浩劫」純粹是種族的。這是希特勒煽動「種族純粹」意識型態的結果，與國家安全和領土擴張毫不相干。
2. 從手段上來看，納粹用於屠殺猶太人的方法、效率、和準確性都是史無前例的。

3. 從殘忍性來看，有系統的大屠殺始於1938年，結束於1945年，前後維持了七年的時間，被殺害的猶太人數將近六百萬，當時歐洲的猶太人口也不過九百萬人。

這不只是一般學者的看法，以色列政府似乎也有意朝這方向運作。薩依德曾經舉過一個例子，有一個以色列國營電台的節目打算要探討亞美尼亞人（Armenians）被土耳其人屠殺的事（1915-1918年間，亞美尼亞人死了一百五十萬人），結果被禁止播出。一方面可能是因為以色列外長裴瑞斯（Shimon Peres）否認土耳其人曾經集體屠殺亞美尼亞人的史實，另一方面則是因為「大屠殺」與「種族滅絕」（Genocide）這些字眼被認為只適合猶太人的經歷。薩依德批評裴瑞斯的政策，以色列政府企圖操控記憶，讓人們的目光專注在某一群受過這種歷史災難的人，以便從中得利。現在有很多研究大屠殺的學者，一心一意想要將大屠殺轉化成一種世俗宗教，使它成為猶太人的專利品。

為什麼猶太學者不願意讓別人使用Holocaust一字，可能是為了對抗「歷史修正主義」學派。在「歷史修正主義者」之中較激進的一些人完全否認大屠殺的存在，並暗指猶太人遭到滅絕是猶太人自己為他們統治世界而杜撰出的虛構信念之一，換言之，這也是「猶太人全球陰謀」的又一種表達方式（Finzi, 2004:118）。這些人中最著名的有英國的歐文（David Irving）法國的福里松（Robert Faurisson）他們的言論在某些阿拉伯國家甚受歡迎，信眾很多。「歷史修正主義」另外還有一個更為流行，更為微妙，在很多人看來也是更有吸引力的版本，最著名的代表是德國人諾爾特（Ernst Nolte）。按照這一版本的說法，大屠殺的確是歷史事實，也的確應該痛加譴責，但同時它又是針對布爾什維克革命（Bolshevik Revolution）這一「亞洲的」野蠻行徑的一種自衛性反擊。「歷史修正主義」避開了個別的大屠殺原因，將它歸諸於人性的殘酷、暴力和野蠻性格。

種族屠殺這種事，在人類歷史上不勝枚舉。估計在國際黑奴買賣的二百年歷史中至少有一千萬到兩千萬的非洲黑人被殺害；1600到1850年之間北美的印第安人死亡的人數高達一千二百萬人；1937年日本在南京的大屠殺，保守估計至少死了三十餘萬人；1975-9年間包爾布特（Pol Pot）在柬埔寨的統治死了二百萬人；1994年盧安達內戰期間胡圖族（Hutu）與圖契族（Tutsi）相互仇殺，死了八十多萬人（Romu, 2003:141）。2003初蘇丹（Sudan）達佛（Darfur）地區的「種族清洗」，死了五萬多人，一百多萬人流離失所。但是所有的大屠殺事件，都不能拿來和猶太人的種族滅絕相提並論。這倒不是因為受害者人數多寡的問題，而是該「事件」的特殊性。猶太民族的大屠殺背負著反猶主義的傳統，它不僅是對生命的殘殺，更是對整個種族的滅絕計劃。

對傾猶太的學者而言，「歷史修正主義者」包藏了某種「禍心」，企圖以「種族滅絕」的數量淡化猶太人大屠殺的獨特性，從而修正其他殘暴行為的道德性。近年來大陸學者極度批判「歷史修正主義」，許多學者的言論儼然就是猶太民族的代言人。中共與以色列建交十餘年，「猶太研究」在政治氣氛的帶動下，成了新顯學。多家猶太研究機構紛紛設立，許多大學陸續開授猶太教課程，並招收研究生，積極溝通中國文化與猶太文化，促進兩個民族的相互理解。無可諱言，在人類歷史上，各個領域中都有傑出的猶太人，其表現和貢獻確實值得肯定，猶太文化當然有研究的價值。然而，問題又似乎不像表面上的單純。

自小林善紀出版《台灣論》之後，大陸學者的民族主義敏感神經再度被觸動起來。兩岸三地都在談論日本的新軍國主義，各種有關新軍國主義的著作紛紛出籠。小林善紀的《戰爭論》、《新編歷史教科書》和《南京大屠殺的13個謊言》固然極具爭議性，他代表的正是歷史修正主義的史觀，企圖對日本侵華的罪行自圓其說。從民族主義的立場來看，歷史修正主義是民族主義被壓抑後的反彈，顯示年輕的一代不願再背負上一代的原罪。民族主義者護衛「南京大屠殺」的真確性，可以使「受害者」情結得以延續，如同猶太學者堅持別人不可以其他類型的族群衝突混稱大屠殺一樣的心理。一旦受難的記憶成為一種宗教儀式，復仇的因子便可能隨時再度被挑動。「歷史修正主義」是一種徵兆，就像新反猶主義（或新納粹）都是一種對現況的反動，企圖藉由理論或行動來擺脫歷史所承傳下來的「原罪」，這種情感愈是被壓抑，愈有可能激化成暴力行為，尤其是經過媒體的煽動。

任何歷史事件的發生總是有不同的解釋面向，大屠殺也是如此，如果放不下「受害者」情結，很容易遭致二度傷害。有受害者自然就有加害者，當全世界都在慶祝奧斯威茲集中營解放六十周年時，德國的反猶暗流也默默在匯流。2005年1月25的《華盛頓郵報》（*The Washington Post*）報導說，德國薩克森州德勒斯登（Dresden）的地方議會21日舉行了奧斯威茲集中營解放60周年紀念活動。在為遭到納粹殺害的死難者舉行一分鐘默哀儀式時，國家民主黨的12名議員走出了議會大廳，要求將1945年2月盟軍對德勒斯登的大轟炸和大屠殺等同看待。德國政府對這個與納粹黨有關的極右政黨，雖曾於2002年試圖取締，但是被最高法院拒絕。去年9月，國家民主黨在德國地方議會選舉中贏得一席之地，該黨的領導人物曾經多次對德國政府在大屠殺問題上的贖罪態度進行批評。

大屠殺如同其他的種族屠殺，可以有不同的解釋面向，尤其涉及到民族主義的價值觀時，往往無法予以理性的討論。本文無意用道德相對論的詭辯來模糊殘暴的罪行，只是想說明在歷史修正主義的背後是一種對現況的不滿情緒。當這種情緒慢慢變成一種流行，所有過去的罪行或未來的暴行都可以被合理化。希特勒修正了德國第一次世界大戰的戰敗原因，歸咎於猶太人在德國人背後捅了一刀，於是德國人的戰敗恥辱終於找到了發洩的出口。前些日子俄羅斯杜馬（Duma）下院有二十名議員聯名上書總檢查長，呼籲司法部門禁止國內所有猶太宗教及社會團體。其公開信說：「現今的整個民主世界都在猶太人的經濟和政治控制中……我們無法忍受強加於我們的關於忍耐的錯誤觀念。」在以色列大使的抗議下，信件被撤回，但對這些發表反猶言論的議員也沒有再追究。按理，俄國應該不會有反猶主義，1945年1月27日俄國軍隊解放奧斯威茲集中營，救出五千名倖存者。看來，反猶主義並沒有因為這樣的歷史恩惠而消解。俄國尚且如此，場景若換到阿拉伯國家，問題就更嚴重。

在西方國家，言論自由應該是一種普世價值，但反猶主義卻不允許被「各自表述」。以色列總理夏隆（Ariel Sharon）駁斥人們將以色列鎮壓巴勒斯坦人的起義比作納粹消滅猶太人的罪惡，聲稱以色列對巴勒斯坦的恐怖分子進行自衛，這是任何一個主權國家的義務。對大屠殺六十周年後，世界上仍有反猶主義的存在，並對猶太人造成威脅，夏隆憤怒的說：「我們不能相信任何人，除了我們自己。」

三、從反猶主義到大屠殺

夏隆的憤怒可以理解，也許星雲大師的話可以開釋他。大師說：

> 世界上最難處理的問題，不是貧富，不是智愚，是種族的問題。種族的紛歧，有的是地理環境使然，有的是語言風俗的習慣，有的是人種膚色的不同。不同的種族，往往由於互相排斥、抵制、壓迫，而形成世世代代難以化解的仇恨情結（Tutu，2005:推薦序）。

「死了六百萬猶太人」難道還不夠嗎？如果大屠殺是因為反猶主義的錯誤，何以世人還是沒有從歷史中獲得教訓？答案其實很簡單：因為大家都不讀歷史。就算讀了，也是各自表述。反猶主義根本就不是一種政治上的意識型態，沒有偉大的思想家，也沒有偉大的著作，我們只能從牆壁上的塗鴉、寫在卡片上的語詞、政治人物的言論，或是零星的反猶事件中去拼湊補綴反猶主義的內涵。因此，不同的國家有不同的反猶情況，不同的人有不同的反猶理由，所有的反猶原因都對，也都不對，這就是為何反猶主義總是無法根絕的原因。

Anti-Semitism一詞原指「反閃族主義」，「閃族」（Semites）在古代包括希伯來人、亞述人、腓尼基人、阿拉伯人和巴比倫人等，如今則專指猶太人。非猶太人為什麼會厭惡、憎恨和不信任猶太人？近年來曾經出現過很多不同的解釋。包括宗教的、文化的、政治的，以及經濟的因素。大致上說來，可以歸納如下：

1.歷史的因素

猶太人是分布於西亞巴勒斯坦地區的游牧民族，原為古代閃族一支，西元前十一世紀建立繁榮的古以色列王國。前十世紀時分裂成以色列王國和猶太王國，前者亡於亞述帝國，後者於西元前586年時被巴比倫帝國征服。由於不甘被奴役，數十萬猶太人民慘遭殺害，其餘人口則被迫離開家園，四處遷徙，散居世界各地，這是猶太人「大分散」（Diaspora）的開始，當時的歐洲幾乎「很難找到沒有猶太人的地方」（21世紀研究會編，2002:194）。在中世紀的西歐，土地被人們視為最珍貴的財富，商業則是人們鄙視的行業。猶太人沒有自己的國家和土地，到處遷徙，只能靠經商維持生計。猶太人在許多國家的社會經濟中都扮演了重大角色，是中產階級中重要的組成部分。誠如猶太諺語所言：「每個國家都有她值得驕傲的猶太人（Finzi, 2004:98）。」正因為猶太人在財政金融上的亮眼表現，使他們容易成為社會苦難的替罪羔羊。

2.宗教的因素

基督教經典《聖經》之一的《舊約全書》，原是猶太教的經典，兩教之間有著密切的歷史淵源。基督教教義認為，耶穌的十二門徒之一猶大出賣了耶穌，是猶太人將耶穌釘死在十字架上，這就造成基督徒在情感上仇視猶太人。在歐洲，尤以德國的反猶情緒最為嚴重。德意志民族和猶太民族都有很強的民族自豪感和使命感，猶太人自稱「上帝的選民」，而德國人則領導了歐洲長達數世紀，德意志國王建立的「神聖羅馬帝國」（962-1806年）的歷代皇帝成了整個基督教世界的世俗元首。在普遍信仰基督耶穌的大環境下，德國統治者認為自己肩負著領導歐洲各君主國反對猶太教的任務。這種宗教感情的社會化，又逐漸衍化成一種普遍厭惡猶太人的社會心態，從中世紀到近代，一直在德國惡性蔓延。

3.政治的因素

19世紀中葉，德國的反猶開始有了明確的政治目的。德國的政客們發現，面對當時的經濟衰退，把猶太人定為罪魁禍首可以有效地消弭反對政權的聲浪。當時德國內部民族主義思潮盛行，原有的宗教情緒在現實利益衝突的激化下，使人們本來已有的反猶情緒更加激烈，從而加劇了對猶太人的仇視。一次大戰後，德國成為戰敗國。無能的威瑪政府（Weimar government），加上1929-1933年的經濟不景氣造就了納粹的興起。根據阿貝爾（Theodore Abel）的研究，納粹政黨在選舉時，不論是群眾動員或選舉宣傳中，反猶主義都不是主要的訴求（Geary, 1993:28）。雖然在寫於1923年的《我的奮鬥》（*Mein Kampf*）一書中希特勒已流露強烈的反猶思想，但是納粹對猶太人的迫害趨於系統化則始於1933年4月，所謂的「最後解決」則遲至1938年才開始。原先在德國六千萬的人口中猶太人約有六十萬，德國陸續佔領許多國家之後，猶太人的數目突然大增，加重了希特勒的恐慌。這幾年的限制猶太人立法和反猶措施似乎沒有發揮作用，奧斯威茲等大型集中營的設立正是為了儘快解決猶太人的問題。正如一些歷史學家所指出的，德國納粹屠殺猶太人的罪行，是「德國虛偽的政治家為其侵略戰爭對民眾進行系統的政治愚弄和教化的結果」（史途，2005）。

希特勒是不是從一開始就試圖殲滅猶太人？關於這個問題學術界大致上有兩派看法。一派叫做「故意主義」，一派是「功能主義」。前者認為納粹從一開始就計畫殲滅猶太人；後者認為對猶太人的殲滅決策，尤其是「最後解決」，是在種種外部因素所迫之下決定的。換言之，納粹一開始未想要殲滅猶太人，當時只想將之驅除出境。但因為時勢的演變，譬如說，無法解決猶太人難民出國的問題，當時國際社會都不接受猶太人；沒有海路上面的主導，更無從將猶太人送到議定的馬達加斯加。再加上對蘇聯的戰役吃緊，最終決定殲滅猶太人。這一派屬於主流，當今大多數的學者都採取這一種論述。吉爾伯特（Martin Gilbert）在《大屠殺地圖集》（*The Dent Atlas of the Holocaust*）中追蹤大屠殺的演進，基本上他也認為大屠殺與第二次大戰的進程有關（Gilbert, 1993:11）。如果功能主義派是對的，反猶主義與大屠殺之間就沒有必然的因果關係，反猶主義者可以理直氣壯的說，他們沒有必要為大屠殺背負沉重的道德原罪。畢竟歷史上多的是反猶主義者，其中不乏知名人士，在他們的時代，反猶是一種「風尚」，沒有人能預見這樣的結果，否則他們應會三思。

許多評論家認為莎士比亞（William Shakespeare, 1564-1616）在《威尼斯商人》（*The Merchant of Venice*）中塑造的「夏洛克」（Shylock）是一個典型的反猶主義者。尼采（Friedrich Nietzsche, 1844-1900）也被視為反猶主義者。他曾說：「我還沒有見過有哪個德國人對猶太人懷有善意」的。尼采的本意是猶太人是一個值得讚賞的民族，因為「是猶太人的自由思想家和學者們在付出了遭受最痛苦的人身限制的代價後，提高了啟蒙思想和精神獨立的水準」。但也許正由於德國人對猶太人缺乏善意這一最終表白，導致了尼采的妹夫福斯特（Bernard Förster）在將他的著作整理出版時，加入了反猶主義的詮釋。反猶可以是思想上的自由，正如我們可以選擇不喜歡馬克斯主義一樣。但反猶已經不僅僅是思想或情感，它已經激化為暴力。任何人想從理性的角度來分析反猶的原因和動機，都是太天真的想法。

1902年的諾貝爾文學獎得主莫姆森（Theodor Mommsen, 1817-1903）將反猶主義當成是暴徒的信念，完全無法從理性、邏輯和道德上來思考。在他看來，暴徒就是暴徒，誰都拿他們沒辦法。將反猶主義者全部當作暴徒看，未免低估了反猶主義的正當性和普遍性。零星的反猶事件可以視為暴徒所為，其原因不值得探討。納粹以整個國家的人力和資源對猶太民族進行大規模的滅絕，若只當它是一種殘暴行為而已，這樣的無知必定讓歷史重演。然而，大屠殺是否真能避免？在整個大屠殺的進程中國際社會究竟做了哪些事？1994年盧安達發生種族屠殺，國際社會雖有譴責的聲音，但未能及時伸出援手，導致在短短三個月內八十餘萬人被殺害。安南說他覺得汗顏，說得明白點，他覺得無能為力。回想夏隆說的話，不無道理，既然國際社會無法阻止大屠殺的發生，一切只有靠自己。猶太人想要投入所有的資源，呈現大屠殺的真相，讓世人了解猶太民族所受的苦，讓世人汗顏他們對猶太民族的不公與不義，這樣的心情不難理解。

四、從大屠殺到新反猶主義

當今世上，任何有地位有名望的人都不敢公然主張反猶主義，但這並不意味反猶主義的思想已經絕跡。1986年諾貝爾和平獎得主，也是納粹大屠殺的倖存者魏瑟（Elie Wiesel）說，反猶風潮在西歐方興未艾，「我有時覺得這個世界就是不會學乖，如果有人告訴我，六十年後我還得奮戰，以免大屠殺舊事重演及反猶風潮死灰復燃，我絕對不會相信（聯合報，2005）。」現今的反猶主義是否就是大屠殺之前的反猶主義，許多學者有不同的看法。2005年11月8日，中國大陸社會科學院歐洲所邀請美國匹茲堡大學國際問題中心主任布魯斯坦（William Brustein）教授到該所演講，題目為「反猶主義在歐洲的根源」。布魯斯坦以1899至1939年間歐洲發生的反猶主義高潮為研究物件，分析了反猶主義的有關理論並提出了自己的見解。他認為，目前反猶主義在歐洲比較活躍有四個方面的因素，即國家福利的下降、猶太移民的湧入、左翼政黨的上升及猶太人在左翼政黨中的領導地位。布魯斯坦認為，近幾年歐洲發生的反猶事件並不等於反猶主義在歐洲死灰復燃。在歐洲發生的針對猶太人的暴力事件多是宗教極端勢力所為，是巴以矛盾導致了宗教極端勢力對猶太人的仇恨。當今發生的一些反猶事件本質上並不是反猶主義，因此需要將一些國家對猶太人的政策和宗教極端勢力與猶太人的矛盾區別開來。

媒體的統計顯示，去年全球「反猶」事件增長了15%，主要集中在歐洲。歐洲各國及各國際組織關注反猶勢力抬頭的趨勢，重申打擊反猶的言行立場。歐安組織「反猶主義」問題特別大會去年4月底在柏林舉行，55個成員國一致通過《柏林宣言》，決定採取切實行動抑制日益抬頭的反猶主義言行。宣言規定，歐安組織成員國將調整法律，更有效地監督反猶罪行，同時在學校展開猶太人在二戰期間慘遭屠殺的歷史教育。反猶風潮在歐洲加劇，與阿以衝突和歐美中東政策有直接關係。二戰後，全球對猶太人長期遭迫害、蹂躪備加同情。但以色列建國後與阿拉伯世界衝突不斷，多次爆發大規模戰爭，這種同情感在銳減、淡化。夏隆政府對巴勒斯坦的強硬政策，激化了民族主義的極端情緒，恐怖襲擊頻頻發生，阿拉伯世界反猶情緒加劇，也導致歐洲反猶言行增加。其次，美國攻打伊拉克，尤其布希總統推出「大中東計畫」與歐洲國家的中東政策不甚合拍。歐洲國家認為，以巴衝突是解決中東問題的關鍵，與美國政府偏袒以色列的態度有異。美歐的這些政策差異對「反猶主義」有一定的推波助瀾作用，客觀上助長了反猶情緒升溫。最後，歐洲有大量猶太人和穆斯林，中東局勢和阿以矛盾影響著雙方的關係。法國有500多萬穆斯林，

次大戰期間慘遭大屠殺的史實，希望後代子孫能從中記取教訓。在上千名志工的協助下，從57個國家中收錄了32種語言，超過5萬份的證詞、20萬份的錄影帶、10萬小時的談話，全部的資料看完預估要13年。史蒂芬史匹柏希望藉著SHOAH基金會的成立提供各種出版品、展覽等資料，讓所有需要的研究單位、學者、學生都能夠清清楚楚的了解納粹當年對猶太人所做的種種暴行。另外，由史帝芬製作，摩爾（James Moll）導演的《消失的1945》（The Last Days）（春暉國際影片發行）也是很著名的記錄片。《辛德勒的名單》紀錄的是奧斯威茲集中營的事件，《消失的1945》則紀錄受難者完整的心路歷程。其他的影片如《蘇菲亞的選擇》（Sophie's Choice, 1982）（梅莉史翠普主演）、《美麗人生》（Life Is Beautiful, 1998）（導演Roberto Benigni）、《夜與霧》（Night and Fog, 1955）（導演Alain Resnais）等，都是大家熟知的影片。

這些影片令人震撼，也令人感動，但也讓人產生一種隱憂。記住猶太人的苦難，是否意味不能原諒加害者的罪行。在大屠殺的研究中，很少人去關心那些「加害者」後代的心理。大屠殺的倖存者大致上都不與德國人民為敵，他們要譴責的是希特勒、納粹黨羽、以及納粹的同路人。正如納粹一度不知道該如何界定「猶太人」一樣，這些所謂的「加害者」定義也很模糊。可以局限在「紐倫堡大審」（Nuremberg Trial）中的戰犯，也可以擴大到數百萬的德國老百姓，甚至包括其他被納粹佔領下的國家政府。當一件罪行發生時，袖手旁觀的人也該受譴責。誠如老布希總統（George Herbert Walker Bush, 1989-93）在評論克羅埃西亞（Croatia）和波士尼亞的種族屠殺時所說，「所有的人都在這次戰爭中犯了罪（Sells, 1996:25）。」政治人物可以輕易在鏡頭前說出道歉的話，但是對一般平民百姓，要他們為不曾犯過的錯贖罪，未免強人所難。德裔的以色列心理學家鄧巴恩（Dan Bar-On）於1985至1987年間走訪德國四次，會見了許許多多曾是納粹政權菁英的後代，在50場的會談中選擇其中的13場，記下訪談內容，寫出《沉默的遺產：碰見第三帝國的孩童》一書。這本書讓人有機會窺探納粹領袖的私人生活，及其後代不知如何面對自己父親罪行的心理爭扎。書中許多故事談到孩子們對於父親的回憶其實是很愉快的，但當大屠殺的倖存者極力要去了解究竟他們的父親做了什麼事時，這些加害者的後代顯然不願觸及上一代的罪惡（Ba-On, 1991）。從這本書的對話性質來看，其主題讓想到另外一本書，席克羅夫斯基（Peter Sichrovsky）的《原罪：納粹家庭的孩童》（Sichrovsky, 1998）。

呈現大屠殺的真相，固然可以警告世人不要重蹈歷史覆轍，但對於修補族群的關係，有時候效果適得其反。十九世紀法國的理性主義者勒南（Ernest Renan）曾說，只有遺忘歷史的錯誤才能創建民族。如今世界各地都有大屠殺歷史博物館，繼美國與以色列之後，台灣也有一座。對於一般民眾的教育，博物館確實發揮了一定的作用。但現在也開始有一種聲音出現，希望德國政府將納粹的反猶宣傳短片解禁，經由批判性的研究來教育一般的大眾。德國政府覺得後遺症太大，不敢答應。只是影片早已流出，在美國的一些新納粹團體中已被當作宗教經典在播放。仿效納粹不一定就等於反猶（納粹也反共產主義），同理，反猶主義者也未必接受納粹的其他意識型態。一味地將反以色列、反猶、和大屠殺聯結在一起恐怕與事實不符，俗話說：「一朝被蛇咬，十年怕草繩」，這種心理可以理解，但若因此而認為會再發生Holocaust，必須不斷「千叮萬囑」，未免有點「矯枉過正」。歷史教育無法完全消解反猶主義思想和暴力，屬於法律的部分就必須經由政府立法來制止，若牽涉到民族主義的情感，就必須從解構民族共同體著手，沒有族群的分際，何來「種族屠滅」？或許還會有大屠殺，但絕對不會是整個民族的「浩劫」。

五、大屠殺與族群認同

勒南曾說：「民族的存在是每日的公民投票（Renan, 1996: 48）。」換句話說，民族乃是認同的結果。史密斯（Anthony Smith）稱這種定義為「公民民族主義」，它與政治哲學家所說的「自由民族主義」在精神上是相契合的（江宜樺，1998：44）。因為民族主義追求的是整個民族的自由，而自由主義追求的是個人的自由，自由民族主義是對民族主義加以一種自由主義形式的詮釋。民族主義與國家認同的矛盾和相互激盪，可以說就是族裔衝突的根源，而自由主義思想則可能是族裔衝突的一道解毒劑，大屠殺或是其他種族屠殺的癥結或許可以從這個思想層面來解釋。

史料記載，對猶太人的仇恨已經在歷史上綿延了二千年而沒有中斷。有的研究者認為反猶主義的觀念與實踐始於「巴比倫之囚」（Babylonian exile），但大多數研究者主張反猶主義濫觴於第二聖殿（The Second Temple，西元70年）的毀滅和猶太人大規模遷徙之時。遷徙到各地的猶太民族，形成一個有著明顯族群認同的共同體。作為一個「歷史文化共同體」，猶太民族的「社群主義」和「自我脈絡」意識太搶眼，使它容易成為其他民族發洩不滿情緒的出口。誠如鮑曼（Zygmunt Bauman）所說，猶太人是民族中的民族，是每個民族的「內部敵人」。不論在身在哪一個共同體之中，猶太人也曾很努力要融入屬於「他者」的社會，善盡他國公民的責任，例如第一次世界大戰時，很多猶太人也響應國家的召喚上戰場而犧牲性命。但是，不論猶太人對「他者」的祖國貢獻多大，猶太人的「寄居者」身分始終無法消解。在本地人的眼中，猶太人是外來者和遊民；在窮人和受剝削者的眼中，猶太人是百萬富翁；在愛國者的眼中，猶太人是沒有國家的人（Laqueur, 1997:188）。

猶太人的悲劇來自於它是個由獨特的宗教信仰與文化傳統所建構的民族共同體。強烈的族群認同感使它免於被滅族的命運，總算沒有從地球上消失，仍然做他們的「猶太人」，但是無論到哪裡，猶太人始終是孤鳥民族（Isaacs, 2004:277）。以色列建國後，猶太人紛紛踏上「歸鄉」路，找到了二千年後的「避風港」和「保命符」，在一個不友善又充滿敵意的世界中，猶太人終於可以安身立命。但是問題並沒有就此解決，並非所有的猶太人都回去以色列，許多居住在未被希特勒佔領的國家中的猶太人，已經落地生根。以美國為例，叫美國的猶太人移民以色列，放棄美國國籍做個以色列人，顯然是緣木求魚。在文化上，他們是猶太人，在政治認同上他們效忠美國，做個美國的公民意味美國將是他們的新「祖國」。要在美國（或其他國家）中生存，猶太人必須像其他來自世界各地的族群一樣，放棄自己的「原生依附」，換句話說，只有猶太人先洗掉自己的猶太色彩，才能去掉他們遭到排擠的因素。

從大屠殺的研究中我們發現唯有解構民族共同體才能避免種族屠殺再度發生，換句話說，必須設法破解民族主義者「一個民族，一個國家」的迷思。這些民族主義者認為只有建立一個屬於自己民族的國家，才能有效地貫徹社會正義、保存民族文化、實現自立自主（see Miller, 1995:80-98）。為了達成這種理想，於是得進行「種族遷徙」或「種族清洗」。「種族清洗」是不道德的，已被國際社會譴責；「種族遷徙」雖經常在發生，成效也不大。1994年盧安達發生種族屠殺，國際社會曾經想要將盧安達的圖契人和胡圖人分割，讓他們各自成立國家；面對紛擾不斷的以巴衝突，也想過幫巴勒斯坦人另外找塊土地建國，但都沒有成功。當今世上絕大多數的民族都沒有建國的條件，「一個民族，一個國家」只是民族主義者不切實際的理想，就連薩依德也不相信，才會提議「雙民族國家」，讓以色列和巴勒斯坦人共組一個國家。薩依德的著眼點在儘快解決以巴衝突，但是他似乎忘了盧安達的種族屠殺。盧安達是個典型的雙民族國家，1994年大屠殺之後，由「盧安達愛國陣線」（Rwanda Patriotic Front，簡稱RPF）掌控的政府發現害怕報復的胡圖人大舉遷往國外避難，人數多達二百萬，是總人口的四分之一。RPF覺得事態嚴重，立刻作出身分證刪除民族記載的規定，民眾出門不用攜帶身分證。盧安達是個很好的例子，說明了「一個民族，一個國家」是造成族裔衝突的主因，唯有解構單一民族共同體，才能重建多族裔的國家共同體。

「解構共同體」是一條漫長的路，但是值得努力。法國哲學家儂曦（Jea-Luc Nancy）曾提過一個概念：「無本質的共同體」，即不是以諸如「人民」、「國族」、「命運」和「一般人民」為本體的「共同體」（Nancy, 2003:xxxvi）。霍布斯邦（Eric Hobsbawm）在《民族與民族主義》結束時也說「未來的人類在自我介紹時，不一定非得說自己是英格蘭人、愛爾蘭人、或猶太人，他們可以根據不同的目的和場合選擇不同的身分認同（Hobsbawm, 1990:192）。」以族群作為「共同體」認同的對象經常是族裔衝突的原因，但是大屠殺的產生卻經常是被操弄，經過詳細計劃的結果。因此，解決大屠殺不能只從族群的內部矛盾去化解，必須尋求別的辦法。有些學者強調國際干預或外交手段，有些強調和平制裁（如貿易或公開其罪行給世人知道，造成壓力），海登里赫（John G. Heidenrich）甚至提到一種不怎麼光明正大的方法——「暗殺」（Heidenrich, 2001）。「以暴制暴」雖然不值得鼓勵，但「斬首行動」一直是美國對抗恐怖組織的慣用手法，當年對抗納粹集中營暴行的猶太人地下組織，可能很懊悔未能及時暗殺希特勒，否則大屠殺應可避免。

安德生（Benedict Anderson）將民族定義為「想像的共同體」，因為不論共同體中的成員人數多寡，彼此之間也不可能完全認識，他們的群體意識其實是透過想像的（Anderson, 1983:6）。換句話說，「民族」並不是一個既存的「實體」，沒有純種的「亞利安人」（Aryan），同樣，也沒有所謂「猶太人」的種族。民族的認定最後仍然得訴諸於文化的識別和認同意識，也就是說，所謂的猶太人不是因為他的血緣中有多少比例的猶太血統，而是他是否信奉猶太宗教，接受並踐行猶太人的習俗。在多族裔的國家中，國家認同必須超越族裔意識，唯有當權力資源的分配不再以族群為考量基準，而是隨機分配給所有的公民，這樣的社會才能免於種族屠殺的宿命。族群意識與族裔情感還是會存在，但是，隨著人口的移動與混居，標識族群差異的象徵已日益淡化，除非有人加以操弄或煽動，否則它只是一種「情緒」而已。這也就是為什麼我們可以接受一般人民論述種族主義，當它是一種思想自由，但對於政治人物的煽風點火必須加以譴責的原因。在媒體發達的今天，我們似乎應該更加注意民族主義的被操弄。

六、結論

近日來因為中共通過「反分裂法」，引發國內與國際的熱烈討論。許多政治人物紛紛帶領群眾走上街頭，經由電視媒體反覆的報導，民族主義的熱情又再度被挑動起來。不管是所謂的「中國民族主義」或「台灣民族主義」，一旦政治的紛爭必須訴諸於民族主義，就有走向戰爭的危險。民族主義並不可怕，可怕的是一旦對外的民族主義無法獲得宣泄，便會向內部尋求替罪羔羊，少數族群的「共同體」往往成為暴力施行的對象，許多國家的種族屠殺都曾經歷過這樣的一種歷程。政治人物在操弄民族主義的情感時，應該更審慎思考Holocaust的教訓。

世人對Holocaust的興趣不是因為這個事件多麼令人震撼，也不是因為在看了大屠殺的影片後「感同身受」，而是每個國家都有自己的族群衝突問題需要解決。屠圖的《沒有寬恕就沒有未來》所談論的「南非經驗」雖然獲得了國內各界人士的強力推薦，但還是那一句老話：「家家有本難唸的經」，尋求真相與和解的精神值得肯定，寬恕卻不是一件容易的事。連耶穌基督都說，魔鬼不可寬恕，的確，有些罪行不可寬恕。猶太人至今仍然無法對Holocaust釋懷，屠圖到以色列訪問竟然被罵為「納粹黑鬼」，顯示猶太人還沒有走出滅頂的傷痕。當今世界反猶主義風潮依然興盛，加上以巴衝突暴力事件頻傳之時，猶太人的自我防衛心理只會更強化，對這樣的人群談寬恕，需要更大的耐心。

Holocaust如今是兩個國家的問題，與一般的種族屠殺或族群衝突屬於同一國家的兩個民族問題不一樣。對於後者，寬恕才有必要，寬恕是族群融合的起點。但是寬恕有一項前提，即得先承認罪行。我們如何能面對耀武揚威、不知悔改的「劊子手」談寬恕？承認錯誤需要更大的道德勇氣，大部分的「加害者」寧願選擇迴避或「自圓其說」，粉飾自己的罪行，「歷史修正主義」正是這種心理下的產物。追求真相的事何妨留給歷史學家去做，掌權的政治人物談調查真相容易讓人產生整肅與報復的聯想，無助於修補族群關係。Holocaust的研究讓我們陷入一個兩難的抉擇——「記憶或遺忘」。「記憶」究竟是為了不要重蹈覆轍，或只是用來凝聚族群意識，如果過去的歷史無助於族群融合，我建議選擇「遺忘」，遺忘歷史的錯誤才能創建民族。

Chapter 7
民族的肚臍——葛爾納與史密斯對民族起源的爭議

一、前言

1882年法國宗教史家，也是理性主義大師恩尼斯特・勒南（Ernest Renan）發表了一篇著名的演說——何謂民族（Renan, 1996），這篇文章後來被翻譯成英文，成了美國大學生與研究生研習民族主義課程時必讀的文獻。一百多年來，每一位從事民族主義研究的學者都嘗試要回答勒南的問題，或是推翻他的觀點。各種與眾不同和稀奇古怪的定義紛紛出籠，有些純粹只是嘩眾取寵，經不起驗證。但是定義之多的確令人眼花撩亂，無所適從，難怪有人要嘲諷民族主義的研究，說每十位學者之中就會有十一種民族的定義，甚至有人乾脆稱呼它是「術語叢林」，或「無政府狀態」。民族主義的定義問題確實已到了「惡名昭彰」的地步，然而學者並沒有因為這樣而停止爭議，從某個角度來看，民族主義研究之所以多采多姿，不也是因為定義問題的吸引人嗎？定義是否真的那麼有用，恐怕是見仁見智，但是如果我們能夠先花點時間把名詞定義搞懂，學術界大部分的爭辯都可以解決

（Tilly, 1997:497）。

作為一種學術研究的議題，民族主義已經過了它的顛峰，重要性一日不如一日，但若說它已經passé（過時了），未必是事實。1989年以後蘇聯的解體與東歐國家接連的建國運動，再度引起學者對民族主義研究的熱情。許多學者陸續將舊作改版或是修正先前的看法。最近這十年，我們明顯可以感受到世界各地的政治運動，一種新的民族主義氛圍正在滋長。911的恐怖事件、美國出兵伊阿克、奧運和「世界杯」等國際運動的主辦，乃至於中國大陸的「反分裂法」，都使民族主義再度成為研討會的議題。有關的論著不但卷帙浩瀚，解釋的觀點更是繁複紛歧。然而，不論立場如何歧異複雜，見解如何新穎獨特，問題的癥結仍然是：何謂民族？民族何時形成？如何形成？

從學者回答這些問題的觀點，大致上可以分成兩個陣營：一邊是「原生論」（primordialism）（或稱「原初論」），一邊是「現代論」（modernism）（或稱「建構論」），彼此涇渭分明。前者主張民族一直就存在，且過去的歷史所扮演的角色非常重要，後者相信民族的世界是十八世紀以後的事，在此之前沒有民族的存在。持「原生論」見解的學者以安東尼・史密斯（Anthony Smith）為代表，「現代論」陣營的學者則尊奉恩尼斯特・葛爾納（Ernest Gellner）為宗師。這兩人的關係一直是學界樂於討論的題材。其間有矛盾，有衝突，有相知相惜，也有「吾愛吾師，吾更愛真理」的糾葛。葛爾納是史密斯民族主義研究的啟蒙老師，也是博士論文的指導教授，對史密斯的影響深遠，但是史密斯並沒有承續恩師的路線，接受「現代論」的觀點，反而從批判老師的理論出發，建構了自己在民族主義研究領域的地位。

1995年10月24日英國「窩立克大學」（Warwick University）副校長愛德華・墨特默（Edward Mortimer）邀請了這兩位當代民族主義研究的巨擘，進行一場思想激盪。會議結束後不久，於當年的11月5日葛爾納便與世長辭，窩立克大學成了他論述民族主義的最後場合。這場辯論的記錄後來刊載於史密斯主編的《民族與民族主義》上，出版該刊物的「倫敦政經學院」（London School of Economics）後來更設立了「民族主義講座」用以紀念葛爾納。在民族主義的研究中，人們常有這樣的感嘆，在葛爾納之後還有民族主義研究嗎？葛爾納是「典範」，卻也是眾矢之的，葛爾納曾經很在意別人對他的批評，尤其是自己的學生史密斯。然而，真的如中國的俗諺所說：「當局者迷，旁觀者清」。在葛爾納過逝十年後重讀他們當年的辯論文章，可以清楚發現兩人對於民族起源的認知，不是真的「楚河漢界」，難以逾越。

班乃迪克・安德生（Benedict Anderson）用「想像的共同體」（imagined community）一詞來界定民族，因為不論民族的群體規模多小，其成員都不可能彼此認識，唯有透過「想像」才能建立族群認同。某種程度上說，民族是被想像出來的。研究歷史，同樣需要想像。我們雖然沒有參與這場民族主義研究的盛宴，但在閱讀會議論文中，彷彿自己就坐在會議的一個角落，用心聆聽這場辯論。葛爾納在演說末了時說：「現在就看各位如何來裁決！」。在某些方面，史學家如同法官，除了要斟酌互不相讓的兩造說詞外，更應多方蒐集資料，才能還原事實的真相。所謂的「裁決」不是去宣佈誰獲得勝利，而是要明確地指出衝突點所在，在兩造之間尋求共識，而不是擴大裂痕。本文以「窩立克辯論」的記錄為主，參酌兩人的其他著作，重點分析兩人對民族起源之解釋，設法找出兩人思想的相同處和相異點。如果葛爾納與史密斯之間的「鴻溝」可以跨越，當今世界上許許多多的民族主義紛爭，族群衝突和族裔矛盾，理論上應該都可以化解。

二、族裔、象徵與神話

史密斯是「倫敦政經學院」的教授，專長是族裔與民族主義。他曾協助創辦重要的民族主義研究期刊《ASEN通訊》，並長期擔任《民族與民族主義》（*Nations and Nationalism*）（即該協會的期刊）的主編。史密斯的著作相當多，能夠和他相提並論的大概只有葛爾納，可惜史密斯的著作雖多，影響力仍不及葛爾納，不足以稱為「經典」。史密斯所出版的著作中一般讀者較熟悉的有《民族主義的理論》（1971）、《族裔的復興》（1981）、《民族的族裔根源》（1986）、《民族認同》（1991）、《全球化時代的民族與民族主義》（1995）、與《民族主義與現代論》（1998）。

史密斯的研究大致上可以分成兩個主題：一是關於民族主義的理論。早期的作品著重在探討50年代和60年代的民族主義理論，最近的一本書——《民族主義與現代論》旨在分析和評論近三十年的民族主義研究方法，尤其是對「現代論」的批判已到了爐火純青的地步。另一個主題是關於族裔的研究，這個領域是史密斯所開發的，也是他對民族主義研究的最大貢獻。他在《民族的族裔根源》的「序言」中說，有感於愈來愈多的學者開始關心當代世界的起源和體現，包括資本主義、俗世主義與官僚體系等制度。國家與民族的成長也在關心的行列，但大家的重心都放在國家的議題上，忽略了「民族的形成」，尤其是族裔的根源。受到休斯·賽頓-華生（Hugh Seton-Watson）的影響，史密斯相信族裔根源的重要性，捨棄前現代時期的「神話」、「象徵」、「記憶」與「價值觀」，將無從理解民族的形成。1991年時史密斯出版《民族認同》，一方面繼續前書的理念發展，另一方面則嘗試建立一種民族認同的歷史社會學。它的基本假定是：民族與民族主義不完全是一種意識型態或政治形式，它也是一種文化現象。也就是說，作為既是意識型態也是運動的民族主義跟民族認同的關係極為密切。民族認同是一種多元的概念，內容包含了獨特語言、情感和象徵主義。

史密斯當學生的時候，葛爾納教導他要相信民族和民族主義是現代的現象，若無民族與民族主義就不配稱為現代世界，這兩件事是現代世界的本質。對民族主義而言，這種意識型態在十八世紀以前並不存在。就民族而言，情形大致也是如此。也就是說，即使有些民族在「現代性」（modernity）到來之前便已存在，但是絕大多數的民族都是相當晚近才出現的，所以，自然也就是現代的。葛爾納是個真摯的現代論者，他認為民族不但是相當晚近的事，同時更是現代情境下的產物——像社會流動、大眾讀寫能力的需求和公眾教育等，都是工業革命以後的事。

史密斯何時開始批判老師的理論，也許史密斯自己也不是很清楚。史密斯認為葛爾納的現代論主張不是對或錯的問題，而是只說明了一半的事實。將民族的起源看成是現代經濟、社會和政治情境的產物，是一種「唯物論」的觀點，忽略了民族主義的文化層面。

在史密斯看來，民族——尤其是自己的民族——似乎一直就存在而且永恆不朽。他不能想像一個沒有民族的世界，說民族是近代才有的，甚至是精英分子所建構的，聽起來讓人覺得相當不舒服。事實上，較老一輩的學者，通常在不知不覺的情況下受到民族主義的影響，傾向於在不同的時代，不同的地點「找尋」或「發現」民族。但對戰後一代的學者而言，民族與民族主義完全是近代的事，興起於法國大革命時期或受到法國大革命的影響。史密斯舉了四個人：湯姆．奈恩（Tom Nairn）、安德生、艾瑞克．霍布斯邦（Eric Hobsbawm）與葛爾納，在史密斯看來這群人都是唯物論的「現代主義者」（modernists）。奈恩認為民族主義是資本主義「不均衡的發展結果」。安德生認為是「印刷資本主義」（print capitalism）技術的傳播，讓大眾有了讀寫能力，才能產生「想像的共同體」。霍布斯邦的方法則是將民族視為一組「發明的傳統」（invented traditions），包括民族象徵、神話學、以及量身定製的歷史。

這些人的唯物思想很容易讓人產生誤解，以為民族主義在任何的社會經濟背景下都可以產生——從富庶的魁北克（Quebec），到貧窮的厄立特里亞（Eritrea），從衰敗的地方到正在發展的地方，在工業生產之前或在工業化時期。史密斯說這樣的論述是刻意要忽視族裔關係和文化感情。如果不考慮早期的族裔關係和對過去的記憶，或是某個個案中前現代時期的族裔認同與族裔共同體，我們絕對無法了解現代的政治民族主義。也許不是所有的現代民族都建立在與祖先的族裔關係上，或主張有一個明確的族裔共同體，但確實是有一些民族是建立在這種關係上，包括西方最早的民族如法國、英國、卡斯提爾（Castile）、荷蘭、瑞典等。如果進一步研究，我們就會發現多數的民族群體都有族裔的成份，不論這個民族是慢慢形成的，或是某一建國計劃下的產物。現代論者在處理這些問題上顯得很彆扭和不自在，因此，史密斯才會說葛爾納只說明了一半的事實，另外一半的事實必須藉助於他的「族裔象徵論」（Ethno-symbolism）。

對葛爾納而言，民族主義源自人類的現代性（Gellner, 2000: 13），對史密斯而言，「族裔淵源」（神話、象徵與文化習俗）是現代民族形成的關鍵。史密斯批評現代論者的民族建構是「無中生有」，當這群學者決心要揭示民族主義的「發明」或「建構」本質時，經常刻意忽視世界上許多地方早已存在的一些神話、象徵、價值觀和記憶的持續性，以及它們對大多數人的意義（Smith, 1996:361）。儘管現代論者近年來遭到不少學者的質疑，但原生論的觀點也一樣愈來愈沒有市場。因此，史密斯折衷兩方立場，提出了修正的「原生論」解釋，史密斯稱它為「族裔象徵主義」。用「主義」這個字可能會產生誤解，嚴格說來，應該是一種方法，一種透視問題的觀點，一種解釋民族起源的立場。

關於民族的起源，史密斯提出了有別於傳統原生論與現代論的解釋。他喜歡用法文的「族裔」（*ethnie*）或「族裔共同體」（ethnic community）的概念來分析民族的本質、形式、神話與象徵、以及歷史記憶和核心價值，他統稱之為「神話——象徵」情結。在史密斯看來，歐洲中古以前或在近東地區，普遍流傳於古代人的社

因為會說庫德語（Kurd）、拉脫維亞語（Lativian），或泰米爾語（Tamil）就變成他們的族人（Kellas, 1991:51）。一個「老外」不論閩南話說得如何流利，就算取得了中華民國的身分證，他還是「老外」，不會因此就變成「台灣人」。這就是民族的宿命，未來的人是否還會有肚臍（萬一出現複製人的話就可以不需要肚臍），但過去的歷史明白地顯示，民族是有肚臍的。許多馬克斯主義的史家，像是皮爾維拉爾（Pierre Vilar），儘管不一定接受「肚臍」理論，但大致上都承認研究民族問題的最好方法就是從歷史著手，歷史正是民族肚臍的一部分。

在「族裔淵源」與民族主義研究的學者中，史密斯是個中翹楚。在所撰眾多有關此一主題的專書和期刊論文中，他特別看重現代民族的前現代根源。三十多年的民族主義研究經歷，史密斯不愧是這個領域中的「主嚮導」（main guide），引領無數的讀者投入這個知識的世界。在參與「LSE論辯」的學者中，史密斯是最後一位代表，是繼艾里・坎度里（Elie Kendourie）、肯尼斯・麥諾格（Kenneth Minogue）、皮西・柯隆（Percy Cohen）和葛爾納之後的一代宗師。「窩立克」大學的這場辯論，給了他一個向恩師公開表達謝意的機會，同時讓大家更清楚地了解他與葛爾納思想的差異。

三、文化與肚臍

在葛爾納早期的著作中未曾見過他談論「肚臍」的理論，根據其子大衛・葛爾納（David N. Gellner）的說法，「窩立克辯論」可能是他首次用這樣的比喻。我們沒能參與這場辯論，但從會議記錄中我們看得出來葛爾納的善辯，而且非常幽默。聽完史密斯的引言後，他提出一個讓滿場聽眾哄堂大笑的問題：「民族有肚臍嗎？」。葛爾納要大家不要笑，因為這是個很嚴肅的問題，類似「演化論」（evolutionist）和「創造論」（creationist）之間的論戰。若想擺平兩者之間的紛爭，葛爾納建議我們去看看「亞當」（Adam）有沒有肚臍，答案立見分曉。這是一種哲學上的思辨，關係到亞當的原型。若聖經的記載屬實，亞當是上帝在某一時間點所創造的（葛爾納隨意推算為西元前4003年，不需要證明，因為時間點不重要），「它」應該沒有「肚臍」。也就是說亞當沒有經歷和人類一樣的出生過程，沒有道理非要一個肚臍不可。

葛爾納似乎有意用「肚臍」的比喻來修理史密斯的「族裔淵源」論。「肚臍」包含兩層象徵意義：一是演化的痕跡，一是與母體的關係。尤其是後者，才是葛爾納與史密斯論辯的重點。我們可以輕易想像亞當有沒有肚臍，肚臍這種東西一旦產生之後就不再有進一步的功能，任何人都可以不靠肚臍而過活，有沒有肚臍不是問題。對葛爾納來說，史密斯的族裔淵源就像肚臍，民族需要一個肚臍嗎？人類進化論者到最後可能必須接受創造論的說法，意即確實有創造這回事。在久遠的古代，人類被創造出來，那時的人可能會有像肚臍的東西，不過，那是因為放錯位置了。葛爾納認為確實有很多肚臍存在，但不是各地都有，肚臍並不重要。我們可以弄出一個肚臍，好比是杜撰的歷史，它不必是真實的，文化的「持續性」是偶然事件，沒有非要不可。

史密斯以現代希臘為例，說明它的雙重傳統：一方面是拜占庭（Byzantine）的帝國正統，一方面是古典民主的古代，構成兩股相抗衡的力量——十九世紀以後的希臘民族主義。史密斯強調記憶、神話、價值觀，以及象徵事物的重要性，這些是構成民族集體記憶的重要成分。葛爾納卻反駁這種觀點，他不相信希臘人對培里克里斯（Pericles）時代的雅典有任何專注之情，或任何民族的記憶。現代希臘和拜占庭當然有關聯，像拜占庭教會所留下的教士組織肯定會有影響；但有時候有，有時沒有，所以它不是絕對的。葛爾納以「愛沙尼亞」（Estonia）為例，說明「持續性」和「象徵事物」的存在雖然重要，但沒有到非要不可的地步。「愛沙尼亞」是典型的「沒有肚臍的民族」。在十九世紀開始之前他們連個名字都沒有，他們只是一群和瑞典或德國城市公民與貴族生活在一起的人。他們也不算是個種族，沒有族裔意識。但從那時開始，他們成功的建立了一座民族博物館，目標是讓每十位愛沙尼亞人都能擁有一件文物。當時的愛沙尼亞人口約一百萬，塔圖（Tartu）博物館共收集了十萬件的文物。透過博物館的建構，形成了一種現代的愛沙尼亞文化。愛沙尼亞的民族主義沒有肚臍，但他們沒有自卑，他們甚至不屑去弄個肚臍。

除了愛沙尼亞之外，葛爾納也很喜歡舉捷克的例子來說明肚臍與民族的關係。事實上他的肚臍理論可能是受到捷克「國父」馬薩瑞克（T. Masaryk）的影響。在他的分析中，捷克是個有肚臍的民族，但這個肚臍究竟是「創造」出來的，或源於真實的歷史承傳，就沒有定論了。葛爾納並不否認肚臍的存在，他以改寫自莎士比亞（William Shakespeare, 1564-1616）「第十二夜」

（Twelfth Night）中的一段話作為他對肚臍理論的立場。莎士比亞原文：「有人是生來的大富大貴，有人是掙來的大富大貴，有人是送上來的大富大貴」（方平，2000：332）。葛爾納改成：「有些民族擁有自己的肚臍，有些民族必須靠努力才有肚臍，至於其他民族的肚臍則是自動送上門來的」（Gellner, 2000:111）。

在葛爾納看來，「肚臍」的爭議不在於有或沒有，而是對「持續性」的認知，亦即古代的族裔文化是否會不受阻礙地承傳下來，而成為現代民族建立的基礎。對葛爾納而言，答案是否定的。肚臍就像族裔文化，在農業時代，有其價值，但在工業化的社會——一個必須藉助讀寫能力來維持的高級文化時代，農業時代的文化絕對無法生存。為了解決這種歷史的不連續性，葛爾納提出了「野生文化」（wild culture）和「園藝文化」（garden culture）的分類方式。他說文化就像植物，大致上可以區分為野生的和栽種的。野生種植物的生產和再生產是自發性的，如同人類生活的某些部分，每個社群都有其共享的溝通與規範體係。這種野生系統（換句話說就是文化）會代代相傳，不需刻意設計、督導、管制或特別施肥。栽種或園藝的文化情況則不一樣，雖然是從野生種發展而來，但是內容較豐富而且相當複雜，沒有專業的特殊人士來維持，給予獨特的營養，園藝文化可能會走向毀滅。

葛爾納善用「類比」的方式來解釋他的觀點，在這次辯論中雖然沒有用到這兩個名詞，但是「農業社會」、「工業社會」與「高級文化」等詞彙卻隨處可見。「文化，即便只是一小部分的象徵和溝通，就算在前工業時代也是很重要，這點無庸置疑。

文化，如同肚臍，二者在當時都很重要。文化偶而會深受寵愛，其成員也知道，不會有人懷疑。所以，文化有時可察覺，有時不可見；有時被寵愛，有時因看不見而被忽略；有時會與政治制度有關，並且渴望建立政治單位；有時候，文化對政治會有期望，通常不會有；有時候，在工業時代來臨前被珍視的文化會延續下來，有時會中斷（Gellner, 1983:ch.2）。」

葛爾納用了這麼多個「有時候」，故意突顯他對史密斯「族裔淵源」理論的不以為然。史密斯說：「民族是長期的發展過程，歷經不斷的重演和重建」（Smith, 1998:212）。在史密斯看來，現代民族與民族主義只是舊的族裔概念和結構的延伸和深化。對葛爾納而言，民族就像國家一樣，都是偶然事件（contingency），不是一種普遍的需要。文化的持續性也是偶發的，不是「非要不可」。在《民族與國族主義》一書的扉頁中收錄了喬治·桑塔耶納（George Santayana）的一段話，這段話頗能闡釋葛爾納的「肚臍」比喻精神。

> 我們的民族性就像我們跟女人的關係：道德上過於糾纏不清，難以光明正大地加以改變，偶然性太高，也不值得改變。（Gellner, 1983:Acknowledgements）

閱讀葛爾納的著作，從字裡行間不時可以發現他的機智風趣。葛爾納引述《沒有蘭花送白蘭迪小姐》（*No Orchids for Miss Blandish*）一書中一位人物的話說：「每一個女孩都應該有丈夫，最好只屬於她一人」。同理，「每一種高級文化都想要有個國家，最好是自己的。並不是所有的野生文化都會發展成高級文化，有些毫無希望的野生文化甚至連嘗試都沒有就退出了，對他們來說根本不會有民族主義。史密斯的「族裔文化」就像是野生文化，在農業時代很重要，但通常不會延續到工業社會時期。現代社會的高級文化是建構出來的，與野生種的植物雖然有點相似，但已經是新的品種，二者之間沒有太大的關聯性。

四、沒有交集的相會

史密斯承認他和葛爾納「確實存在著某種差異」，葛爾納也說「安東尼和我都容易陷入反對對方的理論」中。他們兩人都很清楚「情緒」容易讓他們看不清兩人之間的共相。葛爾納其實並不反對民族可以有肚臍，正如他為民族所下的定義：

> 凡人都要有民族性，如同有一個鼻子和兩個耳朵一樣。萬一有人沒有，也不是不能想像，這種事偶而會發生（Gellner, 1983:6）。

鼻子和耳朵的象徵意義也許不如肚臍，但同樣是史密斯所謂的「族裔關係」。對史密斯與葛爾納而言，確實有「肚臍」的存在，但不是無所不在，也不一定每個民族都有。沒有肚臍的民族，必要時可以製作一個。已有肚臍的民族，也可以割棄掉，使肚臍變成毫無價值。因此這兩人的問題沒有想像的嚴重，換句話說，他們的爭論可能只是「程度」問題。如果我們得到的結論是這樣，恐怕有人會認為這是「想當然」的事，何需大費周章地研究。事實上，問題的死結除了「程度」外，還有兩人不願去面對彼此有交集的認知。史密斯曾說：葛爾納只說明了一半的事實。因此，他把評論的重點放在他認為葛爾納未能闡釋的另一半。而葛爾竟然回答說，就算只有一半，也已充足，就算40%，或30%也不算少，其餘的就是多餘的。民族主義研究之所以如此難獲共識，恐怕是學者心態上的問題，也可能是民族主義或多或少是個人的感受，與個人的生平經歷有著密切的關係，以致各人有各人的感觸，這種「情感」難以與他人分享。如果一位跟隨自己做學問多年的學生，成了批評自己最嚴厲的反對者，那種感覺實在不容易述說。我相信凱撒（Gaius Julius Caesar）愛布魯托（Marcus Junius Brutus），布魯托也愛凱撒，但是，我不相信「我愛凱撒，更愛羅馬」。

羅傑斯．布魯巴克（Rogers Brubaker）很敬重葛爾納，在〈民族主義研究的迷思與誤解〉中借用希臘神話的人物來形容這位民族主義研究的巨擘。他說：

> 沒有人能像葛爾納一樣在拆毀迷思上獲得如此的快感。葛爾納的評論銳利無比，其對民族主義者自己的迷思，還有其他關於民族主義的迷思之破解，足可作為典範。……葛爾納的民族主義研究站在奧林匹斯山神一樣高的距離上，從世界史的觀點來看待民族主義的興衰與變遷（Brubaker, 1988:272）。

正因為這樣的位置，使他遭遇來自四面八方的批評與挑戰，包括他的學生安東尼。面對這些聲浪，其中大部分是誤解，葛爾納也不得不作出回應，除了出版《遭遇民族主義》一書外，又寫了一篇答辯，表達他的抗議。他的內心世界，沒有人能了解。從葛爾納的答辯中，我們可以體會他那種無根的「民族主義情感」，當葛爾納講出這段時會讓人感嘆：學術的紛紛擾嚷何妨就讓它隨風而去吧。

> 我對民族主義的魅力特別敏感。我可以用口琴吹奏大約三十首的波西米亞民謠（或是在我年少時帶有這種風味的歌曲）。我有一位在三、四歲時便認識的老朋友，他是個捷克的愛國主義者，常說他受不了我這麼傷感的琴聲，說我是用口琴在哭泣。如果不能因為這些民謠而流淚，藉由喝點小酒，我寫不出民族主義的書（Hall & Jarvie, 1996:636）。

左派史家奈恩曾說：「個人的人生經歷決定了其研究民族主義的方式」（引自McCrone, 1998:172），這句話用來描述葛爾納是相當貼切的。葛爾納的成長環境使他無法不去關心民族主義。1925年12月9日葛爾納出生在巴黎，卻在捷克的波西米亞長大並就讀於當地的小學。因父母親具有猶太裔的血統，因而在1939年當納粹德國威脅日益明顯時，不得不舉家坐火車越過德國，離開家鄉，移民至倫敦。波西米亞是他心中永遠的故鄉，他熱愛捷克，但是並沒有因此而成為捷克民族主義者，因為他知道一旦民族主義走向極端便會為人類帶來災禍，使生靈塗炭。也許他認為透過對民族主義的研究比身體力行成為民族主義者，更能表達他對「祖國」的愛。1993年葛爾納從劍橋大學辦理退休，回到故鄉布拉格，在中歐大學（Central European University）任教，並主持一個新的民族主義研究中心。在共黨統治下的布拉格已不是他當年的記憶，但他就是無法忘情這個城市。

葛爾納勤於著述，著作等身，作品包括：《語言與事物》（1959）、《思想與變遷》（1964）、《亞特拉斯聖者》（1969）、《民族與民族主義》（1983）、《心理分析運動》（1985）、《文化、認同與政治》（1995）、《耕犁、刀劍與書》（1988）、《自由的處境》（1994）、《民族主義》（1997）等。民族有肚臍嗎？是他最後論述民族主義的文章。葛爾納對民族主義研究的貢獻在於他的原創性。奈恩稱讚《思想與變遷》這本書，說它是英語論述中最重要和影響最深的作品，卡文・奇清（Gavin Kitching）則稱讚葛爾納的《民族與民族主義》，說它「見解獨到」（Kitching, 1985:98），即便是史密斯，也肯定葛爾納的民族主義理論是「理解民族主義此一普遍存在的現象，最錯綜複雜和具原創性的嘗試之一」（Smith, 1983:109）。

這場辯論沒有煙硝火藥味，沒有預期的針逢相對，跟我們所熟知的扣應節目相比，可說一點都不精采。「窩立克辯論」形同各說各話，不論是史密斯的「公開陳述」或葛爾納的「民族有肚臍嗎」都不足以激盪出火花。或許是因為辯論的價值在於過程，而不是結果。也可能是因為研究民族主義的學者大都熟知這兩人的思想內容，本來就沒有太高的期待。然而，總還是得作個裁決吧！若說「各有擅場」，未免太過老調，可是除了這句話之外，也難找到別的字來形容。從言辭的機鋒上來看，葛爾納要比史密斯受歡迎，但在笑聲過後，我們還是得正視自己的族裔情感，如同葛爾納對波西米亞民謠的深情款款。族裔、神話與迷思讓人產生根的感覺，割棄這些記憶，我們將如毛里斯・巴漢（Maurice Brrès）小說中的「斷根人」（朱諶，2000:115）。族裔好比肚臍，理論上每一個民族都會有，少部分會例外，如果覺得肚臍很重要就會設法弄一個（例如「發明的傳統」）。若民族的建構可以不需要肚臍，肚臍自然沒有存在的必要。所以，葛爾納的問題不在於「民族有肚臍嗎？」，應該是「肚臍有用嗎？」，這也就是葛爾納被人批評為太過於「功能主義」（functionalist）的原因。儘管葛爾納與史密斯兩人存在著極深的差異，但兩人至少都同意：人是民族主義的動物，民族是無可逃避的宿命。

五、結論

葛爾納與史密斯的辯論被界定為「現代論」與「原生論」兩個陣營的對壘。在今天的西方國家，「原生論」似乎已經沒有市場價值。學者普遍相信「民族」（即民族國家，受「一個民族，一個國家」觀念的影響）是法國大革命以後的事，因為有民族主義的產生才有民族的建立。不是民族創造了國家和民族主義，而是民族主義創造了國家和民族（Hobsbawm, 1990:9）。這種民族建構的觀點最符合西方民主國家的需求，在聯合國登記有案的所有國家中，大部分都是屬於「新興國家」，而且是由多族裔所構成的。恐怕沒有任何國家敢說自己是「一個國家，一個民族」，通常都是由一個核心民族加上其他少數民族共同組成一個國家。有些國家甚至可能沒有所謂的「核心民族」，因為沒有任何一個民族能超過人口比例的一半。加上全球化的移民運動，讓更多的人可以選擇國家認同。認同變成一種選項，而不是宿命。

歐美國家之所以偏愛勒南的民族定義不是沒有原因，當勒南說：「民族的存在（請容許我用這個隱喻）是每日的公民投票，正如個人的存在是對生活持續不斷的肯定」，他要傳達的正是一種「民族是建構的」的「唯意志論」（voluntarism）觀點。國家的建立不需要族裔淵源，民族的判定也不需經由語言、文化、習俗等客觀的識別，純粹是基於「我願意」，願意在未來共同生活。當共同體中的一群人自認為他們是一個「民族」，或想成為一個民族，或是所做所為儼然就是個民族時，民族就存在了（Seton-Watson, 1977:5）。「公民投票」（plebiscite）這個字是民主政治精神最佳的闡釋，這幾年台灣的政治氛圍讓我們對這個字有一種濃厚的親切感，儘管不是很了解勒南下此定義的真正意圖，但光從中文的字面意思上去猜想就已夠浪漫了。奈恩將民族主義比作羅馬神話中的雙面神「雅努斯」（Janus），佇立在人類通往現代的路上，一面向內看，一面向外看。學者將它解釋成民族主義有好的一面和壞的一面，如果不能善用，民族主義將是一種災禍。「公民投票」又何嘗不是如此，沒有法治的公民投票，最後必然是陷入怨聲載道的混亂狀態，成為專制集權的工具。國家的統治者會利用公民投票來鞏固主權的完整，貫徹政策；分離主義運動的領袖也會利公民投票來遂行獨立建國的目的。這兩種力量的拉扯，追根究底，其實還是民族有沒有肚臍的爭議。

如果相信民族需要一個肚臍，族裔淵源便會成為權力正當性的藉口，族群議題會不斷地被操弄，族裔衝突的結果可能就是內戰的發生或「種族屠滅」。只有將國家認同建立在「公民民族主義」之上，才能藉由分享多元的價值觀，調和各個族裔群體之間的矛盾。我相信葛爾納不致於天真地認為人類可以完全捨棄原生的依附情感，誠如克里夫德．紀爾滋（Clifford Geertz）所說，這些血緣、語言、風俗的一致性，有一種難以形容，並且有時候具有無法抗拒的強制性（Geertz, 1973:259）。我們能做的是——「遺忘」（如果不問，我已忘記自己有肚臍），「遺忘歷史的錯誤是民族創建的一項基本要素」，勒南這句話可以作為「窩立克辯論」的註解。

Chapter 8
民族主義、愛國主義與國家認同

一、前言

近代以來，世界局勢的變化，無論涉及國際或僅限於個別國家內部，幾乎都與民族主義脫離不了關係。當民族勢弱，試圖擺脫外力的統治或干與時，就會高唱民族主義，內求凝聚共識，外爭同情；一旦國家轉強或原本就是強權時就會在拯救人類生活，或維護國際正義的大帽子下，將民族主義轉化為支持侵略的帝國主義。長期以來，民族主義如果不是國際與國內治亂安危的決定因素，至少也是動員與正當化行動的主要手段。無人能否認它對近代歷史和人類命運轉變的重大影響，我們可以適切的說，民族主義是近代史中影響最深遠的觀念或意識型態之一。

但是由於長期的濫用，再加上它本身的複雜性，民族主義成為一個內涵極不確定，極待釐清的觀念。在與民族主義相關議題的研究中，愛國主義與國家認同經常被拿來與民族主義作比較，三種觀念之間的確存在著一種微妙的關係，看似矛盾，卻是相輔相成，彼此牽動，互為表裡，若改變其中一個概念的意含，某種程度上就會更動其他二者的釋義。本文試著以「三位一體」

（Triadic nexus）來指稱這種複雜的關係，若以圖例表示，是一種不等邊的三角形，在內力與外力不同程度擠壓下會改變三角形的面貌。

本文主要討論四個議題，首先是如何為「民族」（或「國家」）下定義。定義決定我們討論的方向，本文對相關術語的界定，僅適用於本文的分析，可能不夠周延，難以適用所有的民族主義研究，但對本文卻能達到規範的作用。其次，分析愛國主義與民族主義之間的關係，包括愛國主義的意涵、起源、與實際上的應用等。某些學者認為愛國主義不等同於民族主義，認為那是兩碼事，但也有學者持相反的看法。本文無意去仲裁誰是誰非，僅就不同意見加以解釋，目的是要探討二者之間的關係。第三個議題是民族主義與國家認同。前些日子科索沃（Kosova）宣佈獨立，脫離塞爾維亞統治。科索沃不是個案，當今世界仍有許多分離主義運動在進行，這些地區的民族主義與國家認同一直是個大問題，可以說就是動亂的主因。第四個議題回歸到歷史教育的內容與方向。考量到台灣這些年的政治局勢，省思歷史教育應走的道路。「國家認同」作為一種消逝的通識教育，是否仍有存在的必要？看到日本的修改歷史教科書，中國大陸藉助奧運提升國家地位，改朝換代後的台灣新政府，究竟要走一條怎樣的路，族群意識、愛國主義與國家認同都是我們必須正視的問題。

二、詞語的界定

詞語的界定是民族主義研究最困難的工作之一，何謂民族，何謂民族主義，各家解釋早已成了「無政府狀態」（Connor, 1994:89），面對這樣的「術語叢林」（terminological jungles）（Akzin, 1964:7-10），著實讓很多有志於此的研究者卻步，遑論想進一步釐清民族主義與其他理念的關係。個人曾撰文分析此一極具爭議性的話題（羅志平，2005：81-107），除了追溯這些詞語的起源、發展與演變外，並且評論漢語譯名的問題。結論出乎意料，與一般人的印象完全相反，民族主義研究的學者並沒有因為定義太多太複雜感到困擾，「任憑弱水三千，只取一瓢飲」，這種態度是武斷，也是獨特，從某種程度上來說，這就是學術研究的真相，誠如太史公之名言：「成一家之言」。

「定義，如果對我們有幫助的話，應是在研究結束之後，而不是在研究一開始時就提出來」（Kamenka, 1976:3）。卡曼卡（Eugene Kamenka）的話與我們的認知有落差。我們發現大多數的民族主義文獻都在「導論」或「第一章」先討論詞語的界定，並以此定義作為該書論述的依據，僅有少部分著作在「結論」時加以申論。我們常說「開宗明義」，這句話的含意就是說定義必須在開始時做，否則無法進行討論。你如何界定民族主義就決定了你的研究方向與內容，甚至連類型學的建立都與對定義的認知有關。無論如何，不論是之前做或之後做，都說明了定義的重要性。誠如提利（V. Tilly）所說：「如果人們能夠先花點時間把名詞的定義搞懂，學術界大部分的爭辯都可以解決」（Tilley, 1997:497）。

解嚴後有更大的言論空間，台灣學界紛紛投入民族主義的研究，有人繼續闡釋孫中山先生的三民主義，有人高舉台灣民族主義掀起統獨大戰，「民族」與「民族主義」等詞語逐漸透過媒體宣傳，廣為人知，民族主義不再是學院的禁臠，已經淪落成街談巷議。有人貶損民族主義，也有人標榜民族主義。「民族主義是一個介乎文化與學術之間，又介乎中國與現代之間的問題。…從這個角度來看，民族主義研究和討論，是中國知識分子當前最重要的一個課題」（劉青峰，1994：序）。民族主義愈來愈不像獨立的學術研究，而是依附於「現代化」、「知識分子」、「傳統與變遷」下的產物，甚至成了人民情感宣洩的管道。坦白說，民族主義已成為一種「俗世宗教」（Hayes, 1960:11），到處充斥著信徒與香客，沒有專家。

在漢語系統中沒有「民族」與「民族主義」這兩個字，它們都是外來語，是由英文的nation和nationalism翻譯而來。漢語中何時出現「民族」一詞向來眾說紛紜，一本編寫於1869年的《英華字典》，將nation譯成「民」、「國」、「邦」和「邦國」（Lobscheid, 1869:1211），尚未見到「民族」的譯名。一般籠統地認為「民族」一詞始於清末民初，到二十世紀初這個字已經很流行了。現在一般字典中最常見的翻譯是「民族」、「國家」和「國民」，而nationalism則多譯成「民族主義」與「國家主義」。在學術界，後者的譯法更多。包括「族國主義」、「國族主義」、「國民主義」、「邦國主義」等（陳儀深，1994：39），有的學者甚至前後不一。我同意江宜樺所說，將nationalism譯成「國族主義」，是刻意壓縮我們理解歷史經驗以及尋國家認同的空間，讓我們只能在「一個國家、一個民族」的論述中打轉，這是十分不妥的（江宜樺，1998：8）。

但是將nation一詞千篇一律譯成「民族」也未必正確。以史密斯（Anthony Smith）在1991年出版的書為例，「national identity」，譯成「國家認同」會更貼切。史密斯將「民族」界定為一群有自己名稱的人群，他們共享歷史傳承下來的領土，有共同的神話和歷史記憶，有其公眾文化和共同的經濟體係，其成員有共同的法律權利和義務（Smith, 1991:14）。在史密斯的著作中，將nation譯成「國族」會更恰當。至於葛爾納（Ernest Gellner）、安得森（Benedict Anderson）與霍布斯邦（Eric Hobsbawm）等人的著作該如何看待，只能在個別研究時再加以論述。

「民族」不等同於「國家」，但可以作為「國家」的基礎。「民族主義」也不必然一定追求建立國家，今天的世界有很多沒有國家的民族（Guibernau, 1999），只是全球時代的政治社群。而多數的現代國家則包含數個民族，因此，我們可以用「國族」來取代「民族」，國族的意涵似乎比民族大，也比國家大，它是族群民族與政治國家的結合。本文既然探討的是民族主義與「愛國主義」和「國家認同」之間的關係，此處的「民族」必須在國家的框架下來理解，它是有國家的民族主義，不是尚未建國的民族主義。

三、愛國主義與民族主義

有些學者認為「愛國主義」與「民族主義」根本是兩回事，不應該比較（Cecil, 1932:170），然而，我們發現在關於民族主義的研究中幾乎都會探討二者的關係。

以被公認為民族主義研究大師的葛爾納為例，他在《民族與民族主義》一書結束時說，他還有一項聲明未交代，此即是「愛國主義」（Gellner, 1983:138）。他認為民族主義其實是某種非常獨特的愛國主義，只有在某些特定的社會條件下才能形成風潮，蔚為主流。事實上只有在現代世界中，助長民族主義的社會條件才能成為主流，其他時代都不可能有這樣的情形。我們可以依據幾項重要的特性來區分民族主義這種愛國主義：民族主義這類愛國主義樂於效忠的政治單元，內部文化是同質的，所依賴的文化一心一意進展為高級（識字的）文化。其次，這單元的規模必須足以讓人相信，它可以支撐一套教育體系，以維持高級文化的運作。在它的內部組織嚴密的次級團體極為罕見，它的成員是互不熟識的大眾，變換身分容易，流動性高，在個人與社會之間沒有中介組織。個人是基於本身所屬的文化形態直接從屬於民族主義效忠的文化／政治單元，與個人是否為聯繫兩者之次級團體成員無關。同質性、文字、成員彼此陌生是這政治單元的根本特質。

根據葛爾納的說法，愛國主義如同民族主義都是現代的現象，但是沙弗（Boyd C. Shafer）卻有不同的看法。他接受民族主義是現代的事物，任何人用民族主義這個字來描述十八世紀以前所發生的事，都是時空錯置的。但是，對家庭和部落的忠誠在史前社會中便已存在，對城邦國家和帝國的愛國主義，希臘和羅馬帝國時期也已出現，民族群體的意識和某些民族的愛國主義形式可以追溯到中古世紀的英國和法國，但將愛國主義等同於對民族的忠誠卻要到十八世紀末法國大革命時代才出現。這個時候才能真正使用民族主義一詞，到二十世紀前半期，愛國主義一字才與民族主義劃上等號（Shafer, 1968:3-5）。

葛爾納與沙弗的爭論正是我們要解決的第一個問題：愛國主義始於何時，要回答這個問題得先弄懂「何謂愛國主義」。

> 我們的國家！在它與別的民族的交往中，願它永遠英明睿智；我們的國家，不論對或錯——Stephen Decatur

> 愛國主義是壞蛋的最後避難所——Dr. Samuel Johnson（Snyder, 1954:147）

這兩句話告訴我們「愛國主義」沒有明確的定義，對不同的人來說代表不同的價值觀。勉強要給它一個定義的話，也許可以說：是一種對國家的愛，這個國家指的是*country*，不是*state*。從詞源學上來看，愛國主義來自「父親」（father）的字根，指稱一種建立在父母親忠誠之上的感情。但是愛國主義一字的意義卻相當複雜，至少有下列幾種意義：

1. 一種感情：對國家之愛，對家園的自然特色、同胞之言行舉止、風俗制度之滿足感。
2. 一種願望：渴望國家富強、開化和公平正義。
3. 一種獻身的行為：願意為國奉獻，認為這是愛國的最佳試驗。

在表現上，愛國主義有兩層意思：

（1）接受它的人，愛國主義指的是一種主動為國家服務的意願。

（2）不接受它的人，愛國主義被用來表達他們對統治原則和社群常規的極度不滿。就此而言，愛國主義可能指稱一種道德上的終極忠誠，也可能是一個嘲諷別人的字。可以是「福祉」，也可以是「詛咒」。總而言之，任何愛國主義的定義都容易被質疑。

不管如何界定愛國主義，一般人傾向於將這兩種「意識型態」（*ism*）等同看待。但是果真將愛國主義與民族主義當成同一件事，可能會犯了語言上與政治上的錯誤。史都佐認為民族主義主要是關於民族的獨立與統一，愛國主義則是一種用以影響個人為國家服務的感情，不論煽動這種感情的目的是為了侵略他國或為了自衛，為了保障自己的權利或為了維護法律與制度。民族主義與權力的觀念不可分割，另一方面，愛國主義本質上是防禦性的，不管就文化上或軍事上來看都是如此（Sturzo, 1946:5）。但是，這個字畢竟太曖昧了，以致於總是被用以作為侵略正當性的藉口。

愛國主義不同於民族主義另外還有一個理由，赫克特（Michael Hechter）在《遏制民族主義》中說，雖然愛國主義——這種想要在國際社會中提昇自己的民族國家地位和尊嚴的渴望——經常被看作是民族主義的，但若依現在的定義，愛國主義不能算是民族主義的一種。愛國主義之所以不是民族主義，主要是因為它的民族和統治疆界早已一致。在一些統一的民族國家內，幾乎看不到愛國主義。照一般的說法，大部分的愛國主義通常是在一個多民族的國家內，某一民族為了自己民族的利益去犧牲其他民族的利益。若依他對民族主義類型架構的分析，愛國主義只能算是「建國型民族主義」類型中的一種情形（Hechter, 2000:17）。

另外，我們還可以從歷史的發展來檢視民族主義與愛國主義的異同。霍布斯邦在論述「公民效忠」問題時說，也許有人會認為愛國主義最原始的概念乃是以國家為基礎而不是以民族主義為基礎，因為這種概念係來自主權人民，也就是說，國家是以人民的名義來行使統治權。因此，無論是族群特性或歷史淵源，都與所謂的「民族」無關，語言只是在實用層次上才與「民族」有關。以國家為基礎的愛國主義，通常具有較強大的影響力，因為以領土及公民為根基的近代國家，必然會時時將居民牽扯進國家事務當中，並可為人民描繪出一幅合理的「遠景」，這幅遠景是獨一無二的，是針對人民的生活設計的，也是命定的。雖然愛國主義存在的時間不過數十年，但是已足夠讓人民與新成立的民族國家產生最基本的認同（Hobsbawm, 1990:82）。

愛國主義存在的時間很短，但「愛國者」一詞似乎頗有歷史。根據霍布斯邦的說法，愛國者一詞最早的使用者應是美國獨立時期的先賢以及1783年的荷蘭革命，而法國革命繼承了先賢的這個用詞，並用它來形容那些企圖透過革命或改革來表達他們對國家之愛的人們。但他們所效忠的「父祖之國」並不是現存或先前存在的國家，而是經由人民的政治選擇所創建的「民族」。十八世紀時，歐洲人開始產生一種對城市、莊園、專制國家或統治者的情感依附的觀念。1736年時英國政治家博林布魯克（Bolingbroke）說：

> 不論是蒙田（Michel de Montaigne）、笛卡兒（Rene Descartes）、或牛頓（Sir Isaac Newton）在精神上都不會覺得快樂，除非他們覺得自己是個真正的愛國者，致力於將他們所有的理解力、思想與行動，為了國家的好而盡心盡力。（Bolingbroke, 1967:360）

從十九世紀開始，愛國主義的意義轉而成為對民族與民族國家的忠誠，並且逐漸與民族主義，或民族意識同義，雖然事實上，一般人還是很少這樣用。稍後，愛國主義又重新成為與民族主義對照的東西，直到今天，逐漸變成和擴張主義有關。愛國主義如今指的是一種意志，想要維持和保護個人所珍視的東西，不像民族主義，愛國主義從未真正產生侵略性的政治力量。

多數學者急於區分愛國主義與民族主義，就像杜意奇一樣。杜意奇說，愛國主義是一種努力或意願，為促進同一祖國的人（國家）的利益，民族主義的目標則是為了促進來自相同民族成員的利益，一般來說，這樣的群體有著共同的祖先與教養、或者說共同的文化，也就是說互補的溝通習性。愛國主義訴求的對象是同一族裔群體內的居民，不論他們的族裔背景為何。民族主義訴求的對象是族裔群體內的所有成員，不論他們住在哪一個國家。以居住地為主的愛國主義通常出現在經濟與社會動員的早期，像是重商主義時代後期到十九世紀中期我們在歐洲所看到的情形一樣。當群眾動員日益擴大並且涵蓋更多的人口而競爭也更為激烈，政治上的不安全感也日益嚴重時，愛國主義便會被民族主義所取代。民族主義的基礎係建立在較為親密的個人特質上，不易變動而且有著固定的溝通方式（Deutsch, 1966:232）。

杜意奇這段話已經相當明白，不用再多作解釋。但是我們還是不能認為這就是定論，畢竟對大多數的人來說，愛國主義和民族主義實在太容易弄混，甚至有時候會質疑有必要區分到如此涇渭分明的地步嗎？英國首相布萊爾（Tony Blair）在1997年9月的工黨代表大會上發表了一篇演說，吉本諾（M. Guibernau）分析這篇演說文後說布萊爾帶有濃厚的民族主義色彩，有些人稱之為愛國主義。換句話說，布萊爾是民族主義者也是愛國主義者，這兩種身分對他並不會造成困擾。事實上，大多數民族主義者傾向將自己定位為「愛國主義者」，以避免與特定的民族主義、排外思想、種族歧視、甚至時有所聞的暴力活動發生任何可能的關聯（Guibernau, 2002:223-4）。

民族主義與愛國主義的關係太密切了，以致有時候我們難以分清究竟是民族主義或愛國主義。但是，如果我們要了解歷史的真相，還是得加以區別。假如愛國主義是一種強烈的公民認同，那麼民族主義就應該是愛國主義的基礎，僅是其中之一，不是唯一的基礎。當共同的政治忠誠建立在族裔的、語言的、文化的或宗教認同的基礎上時，我們可以說這就是民族主義，但這些認同的存在與政體無涉。如果我是個民族主義者，我對國家忠誠，因為這個國家是某個民族的，某個民族指的就是我的民族認同，這種認同不在乎我是否足夠幸運擁有一個國家（Taylor, 1998:201）。

四、民族主義與國家認同

中文的「國家認同」，其英文的對等用語是「national identity」。但是，如同我們前面所言，nation一詞可能指涉「民族」、「國家」與「國族」，因此，當我們看到「national identity」時，我們不能確定作者談的是「國家認同」、「民族認同」，或兼而有之。江宜樺認為，從政治哲的觀點來看，國家認同所牽涉的基本議題至少有下列幾項：

1. 何謂國家認同？
2. 為何要有國家認同？
3. 國家認同如何形成？
4. 國家認同和其他集體認同有何關係？
5. 國家認可否改變，為什麼（江宜樺，1998：6）？

這些問題都沒有單一的答案，也正因為如此，才會激發台灣學界的統獨論戰。對支持台獨運動的人而言，「台灣共和國」的建立與「台灣民族主義」必需雙管齊下，以強化台灣人的民族認同作為國家型塑的基礎。而對批判台獨運動的人而言，「台灣民族」根本是一個虛偽的概念。

對national identity這個字究竟該譯成「國家認同」或「民族認同」，施正鋒認為由於nation一字現在多已約定俗成譯成「民族」，因此將national identity譯為「民族認同」，應該是比較一致的譯法（施正鋒，2000：7），但是大部分的學者仍然使用「國家認同」一詞。其實我們不必過度執著於national identity的翻譯，依漢字的意涵，「民族認同」與「國家認同」可以視為是不相同的認同。國家認同可以視為是對國家機器或政治體制的認同，或是效忠共同的一套價值觀、象徵，以及政治、經濟、文化制度。民族認同則比較傾向於族裔關係。我們可以理解為何民族主義會再度復甦，那是為了回應個人與集體的認同需求。巴森士（Talcott Parsons）用「去－區別」（de-differentiation）一詞來解釋某些族群中的集體認同需求。他說：「社會角色愈來愈多重，個人被迫必須做出回應。然而，在所有的角色中沒有任何一種能夠為個人提供穩定的認同。去－區別的選擇方法，以回到原初的身分提供了這樣的認同。因此，族裔關係重燃生機，被視為認同的泉源，在一個複雜的社會中，需要一種集體認同，族裔關係滿足了這種需求。」（Melucci, 1989:89-90）。

在某些情況下，民族主義與國家認同會產生矛盾，民族主義的負載者是「民族的成員」，而國家認同效忠的對象是「國家的公民」，史密斯研究各種語中對「民族」（nation）與「國家」（state）二詞的界定，依「西方的觀點」，nationality與citizenship同義，但在英文以外（例如德文），「公民身分」與「族裔群體」是不相同的概念。這兩字的意義會愈來愈接近是在英國和法國相繼成為「民族國家」（nation-tates）之後。法國大革命期間許多民族主權的支持者寧願稱自己為「愛國者」，而不是民族主義者。史密斯引韋伯（Marx Weber）對國家的定義：「一個聲稱已經使用正當手段取得某一領土獨占權的人群團體」（Smith, 1983:178）。國家與民族愈來愈分不開，國家是保護民族的框架，認同國家就是認同民族。一群人之所以要求被承認為民族，同時就是要求擁有自國家的權利，如果這群人不自認為是民族，就沒有資格享有一個國家（Greenfeld, 1992:154）。

「國家認同」是個不容易釐清的概念，加上這些年來台灣的政治局勢，我們的歷史環境似乎只有「國家認同」的問題，沒有「民族認同」的討論空間。為了妥協，有人將「國家認同」解釋為政治層面上的認同，而「民族認同」則是文化層面上的認同，這是對政治現實的遷就，與學術研究的事實不盡相符。由於我們沒有民族主義發展的文化背景，很難理解民族主義的訴求，以其刻意把族群意識當作民族主義，不如用愛國主義取代國家認同。以唱國歌為例，無論它的歌詞有多麼陳腐，曲調有多麼平庸，在唱國歌的行動當中，卻蘊涵著一種同時性的經驗。恰好就在此時，彼此素不相識的人們沿著相同的旋律唱出了相同的詩篇。就是這個意像——齊唱——創造了和諧一致的場合，也提供了使「想像的共同體」在國歌聲之中獲得體現的機會（Anderson, 1991:145），就是這個共同體，不一定要叫作國家，或是民族，因為，通常它是國家也是民族，簡稱為國族也可以。

五、愛國主義與通識教育

相較於「民族主義」、「民族認同」、「國家認同」等概念的曖昧，「愛國主義」這個意識型態似乎較容易理解。對任何統治者來說，宣傳「愛國主義」的效益最大，風險較低。甚至還可以利用愛國與否，清算鬥爭政敵。「國家認同」需要學理思辨，愛國純粹是實際行動。愛國主義是民族主義的一種流派，它顯現了個人對自己的公民、政治社會，及其文化、成員、利益等表現出來的一種積極樂觀的態度。對一些人來說，愛國主義有著自我犧牲的內涵，意味著國家利益應高於他們自身的利益（在極端的情況下甚至包括他們的生命）。戰時，愛國主義是驅動人們參加軍事運動的最大動力，在這種背景下愛國主義被視為人類自我保護的本能在表面上的延緩的一種解釋。其他人則將愛國主義與公共福利聯繫在一起，愛國主義便有了倫理學的內涵，它按時政治社會在某種意義上就是這種社會自身的道德標準或道德價值觀。

愛國主義有各種形式與心理內涵（Roheim, 1950:15），純就形式而言，大致上可以分成三種類型：

1.個人愛國主義

個人愛國主義是一種感性、自願的愛國主義。這種類型的愛國者有著某種確定的愛國觀，如對國旗保持尊敬。不僅如此，他們經常堅定認為，所有的公民，都應該具有與其本人相同的愛國觀，不允許有例外。這種愛國主義在結構上與其他的價值觀、理念、運動相似，其政治上的表現為，力圖讓本人的價值觀得到更好的法律支持。

2.官方愛國主義

官方愛國主義是具有高度象徵性與正式內容的愛國主義，不管在什麼情況下，所有政府都會促進提倡。它是國家自身的邏輯推論，其法理基礎是「國家為政治社會的公共福利表現」。國家紀念碑、退伍軍人節、偉人、歷史事件、紀念日等，都是官方愛國主義的典型例子。政府可能會出於各種原因，發動一些愛國主義運動，來提升公民對國家與國家標誌物的認同，其中甚至可能包括所謂的「民族食物」（national food）（Roheim, 1950:9）。

3.符號愛國主義

符號愛國主義極度依賴於標誌性的行為，如：升國旗、唱國歌、參加大型集會、在車架上貼上愛國的標籤等各種在公眾場合宣告對國家忠誠的行為。在戰時，符號愛國主義常用於提升士氣、增加戰時的努力。而在和平時期，雖然不能像戰時那樣方便衡量對國家的貢獻，但是愛國主義者仍然可以將在政府場所向國旗敬禮的行為，等同視之是與在戰場上向國旗敬禮，其愛國程度相同。

愛國主義在不同的時間程度有所不同，有其積極的一面與消極的一面。典型的例子是，國家在遭受外來威脅時，愛國主義程度就會變強，為祖國戰死沙場是極端愛國主義的原型。由於「甚麼才是愛國」，人人看法不同，所以愛國一詞顯得頗為主觀。因此，人們對「愛國」行為的定義極具爭議。當中最顯著的例子，莫過於有政客把愛國主義當作是攻擊對手的手段之一，指控對方是不愛國的人。也有人嘗試把愛國標準化、表現單一化。愛國主義像是一堆易燃的垃圾，任何想照亮自己名字的人只要朝它丟根火柴就可以了。歪曲愛國主義的本質，把愛國變成一種盲目的信仰，這些行為無助民主的發展，因為社會的精力都虛耗於愛國的爭論之中。極端的愛國主義往往是戰爭的觸媒，要化解這種潛在的危險，必須從教育著手。阿米斯（H. V. Ames）教授在「愛國主義與歷史和公民教育」一文中說，真正的愛國者要保護自己的土地和制度不受外來的威脅，這種威脅可能是來自國外大家公認的敵人，也可能就是本國內的狡詐陰險之徒。我們不能對威脅這塊土地和公共事務的罪行，睜一眼閉一眼（Ames, 1917:192），換句話說，愛國主義教育就是公民與歷史的教育。

學校的愛國主義教育，主要在於增加對當前政治體制的認同，甚至包括美化本國歷史。例如：2006年11月16日，日本執政聯盟不顧在野黨和社會人士反對，憑著日本眾議院多數優勢，在眾議院通過《教育基本法》修正案，要學校向學生灌輸愛國主義。前日本首相安倍晉三認為，1947年由美國制訂的日本《教育基本法》幫助日本經濟和民主發展，卻忽視培養道德和紀律。他表示：「大家有危機感，覺得有必要重建教育，培養愛國、愛鄉土的態度，尊重他國，以利國際社會的和平發展。」雖然在野的日本民主黨、日本社會民主黨、日本共產黨和國民新黨都反對修正案內容，他們指出，愛國主義教育可能重燃第二次世界大戰戰前那套只灌輸「忠君愛國」思想的極端愛國主義，最終使得日本再次走上「主權高於人權」的軍國主義回頭路。

歷史記憶與國際現實，逼迫日本的民族主義者低頭，但是重寫或改寫歷史教科書的工作卻從未停過（羅志平，2006：81-106）。不必諱言，教科書本身就是愛國主義教育的工具之一，「愛國」是一種公民道德，沒有任何一個合法的政府不鼓勵「愛國主義」教育，只是程度有別。這些年台灣的局勢太過複雜，族群意識出現裂痕，「國家認同」沒有共識，導致「愛國主義」教育失去方向。屬於「民族主義」層次的「愛台灣」無法適切地轉化成「愛國主義」的國家之愛，也因此無法在國際上具體化作為「國家」的台灣意象。很多「少數民族」在全球化的浪潮下消失了，但是國家的獨特性卻愈來愈被強化，愈來愈明顯，國家尊榮與愛國主義平行發展，互為表裡。國家的光榮滋養愛國主義，愛國主義促進國家的國際地位。在和平時代，愛國主義教育常被忽視，甚至被譴責，這是一種很難拿捏的通識教育，能否落實（如果有必要），關鍵往往不在教育者身上，而是政府的態度。愛國主義是一種實踐的過程，不是思辨的結果。

六、結論

科索沃的獨立、西藏的暴動、台灣的政黨輪替，這些國內外事件，表面上似乎不容易加以連結，但是在本文的討論中卻有著明顯的共同性。某種程度上說，可以作為本文討論的案例說明。科索沃是塞爾維亞（Srbija）的一省，因民族不同（科索沃將近九成是阿爾巴尼亞人），長期以來分離主義運動盛行，民族主義加上政治上的不公平待遇，選擇獨立似乎是一條不歸路。對這個新興國家，國際上各有盤算，各種勢力（也包括各種意識型態）相互拉扯，塞爾維亞政府利用愛國主義與國家認同來壓制阿爾巴尼亞人的民族主義，但是在周邊同為阿爾巴尼亞人國家的煽動支持下，民族主義幸運獲得勝利，然而，對一個人口僅有二百四十多萬的族群而言，「建國」未必就是一條康莊大道。

西藏本身便存在著這樣的矛盾，自治與獨立、民族主義與國家（政府）認同、經濟發展的問題、宗教的問題等，任何單項都不容易解決，遑論整體的問題。西藏、新疆、台灣對中國大陸來說，都是民族主義、愛國主義與國家認同三種意識型態的運用。中共藉奧運凝聚愛國主義，進而提昇國家認同，就連達賴喇嘛都不主張抵制奧運，因為「中國人」首次光榮地辦奧運，這是「中國人」的榮耀。在這個事件中我們看到了一種「大民族主義」如何取代族裔的民族主義，中共向來不把西藏當作民族，怕出現更多打著「民族」口號的分離運動，但是卻無懼於激勵民族主義，它要的是一種「大中國」民族主義，在這種民族主義之下，兩岸問題可以得到暫時的舒緩，「一中各表」的「一中」可以從「大中國民族主義」去詮釋。2008年台灣的總統選舉，關於國家定位的論述其實是一種「台灣民族主義」與「中國民族主義」的對抗，最後獲勝的卻是「大中國民族主義」。

民族主義、愛國主義與國家認同，可以是政治哲學的思辨，也可以作為政治運動的準則，但是只有在歷史實踐中才能見識它的力量。這三種意型態的涵意，取決於我們如何應用。在不同的時間，不同的地點，不同的人物，民族主義呈現了不同的面貌，這是民族主義吸引人的地方，也是民族主義不容易研究的主因。自法國大革命以來，古今中外與民族主義相關的研究著作，汗牛充棟，難以細數。本文雖只是滄海之一粟，但是在某一特定的群體中，例如通識教育領域，應可提供另一種省思的方向，通識教育與國家認同，顯然是我們當前必須正視的問題。

Chapte 9
民族主義分類之「二元論」思考

一、前言

在民族主義的研究文獻中一直存在著一種明顯的企圖，想用最簡單的方法來解決民族主義的界定問題。「民族主義研究」這門知識已經膨脹得太厲害，對任何學者來說即使用盡一生的精力也無法弄清楚。並不是每一個人都能像孔恩（Hans Kohn）、海耶思（Carlton Hayes）、坎度里（Elie Kedourie）、葛爾納（Ernest Gellner）與史密斯（Anthony Smith）等學者一樣，可以花上三、四十年的時間來研究民族主義。大多數的人都希望能以最方便和最迅速的途徑了解這門知識，能夠只用一種理論就把所有的現象都包容了，這是許多學者的夢想，也是一般人的期望。

早期的民族主義研究傾向於從歷史的角度來解釋民族主義的發展，尤其是號稱民族主義研究之父的孔恩與海耶思。他們兩人的作品如《東方的民族主義歷史》，《民族主義：意義與歷史》，《現代民族主義的歷史演進》，都是歷史學方面的民族主義研究。孔恩是哥倫比亞大學的歷史教授，海耶思則是紐約城市大學（The City University of New York）的歷史榮譽教授。他們二人的學說曾經風行一時，原因在於有史以來歐洲的版圖首次依照「民族的原則」重新劃分，同時，歐洲式的民族主義也被殖民地解放運動與第三世界的新興國家爭相奉行採納。但是，時至今日整個世界局勢已改變，他們那種敘述性的研究方法已經過時，言論也變成老生常談毫無創意，只有民族主義者偶而還會留意他們的言論。雖然在這些著作中可以看到很多早期的文獻，但是，誠如左派史家霍布斯邦（Eric Hobsbawm）所說，這些書並不值得推薦給讀者。

80年代之後一批新的學者加入民族主義的研究，他們大多具備社會科學的學術背景，例如葛爾納與安德生（Benedict Anderson），前者是社會人類學教授、後者則是著名的國際研究學者。另外還有一批出自「倫敦政經學院」（London School of Economics and Political Science）的學者。從該機構的刊物Nations and Nationalism的編輯宗旨看來，民族主義已是一種多學門與跨學門的研究。這些學者重視如何提出新的架構來解釋民族和民族主義研究的兩大議題：起源與本質。並設法經由類型學的建構來拆解各種民族主義理論的迷思，史密斯的《民族主義理論》、《民族主義與現代主義》以及史賓塞（Plilip Spencer）與沃曼（Howard Wollman）的《民族主義：批評性導讀》，便是這方面的重要著作。從這些理論中我們發現到大多數的學者一直無法跳脫柏拉圖（Plato, 427-347B.C.）和笛卡兒（René Descartes, 1596-1650）的方法論，即哲學上所稱的「二元論」（dualism）的思考模式。

「二元論」是一種宣稱存在兩種不同事物的哲學理論，例如柏拉圖指出的暫時事物與永久形式之間的不同。笛卡兒的「心

／實體」二元論：意即心是有意識的，實體會占空間。前者向來是正確無誤的，後者容易犯錯，可以感知的。從柏拉圖和笛卡兒的「二元論」又衍生出「倫理學的二元論」（ethical dualism）、「詮釋的二元論」（explanatory dualism），通常稱之為「認識論的二元論」（epistemological dualism）（Bullock and Stallybrass, 1977:183）。在民族主義的分類中明顯可以看到柏拉圖和笛卡兒的影響。本文研究了十餘種「二元論」思想，從孔恩的「西與東」開始、然後是「好與壞」、「公民與族裔」、「政治與文化」、「舊與新」、「意識與潛意識」、「物質與精神」以及「自由與非自由」等，除了檢視這種「二元論」思想的根源外，並評述這些方法之間的關聯性。基本上，任何的分類都無法包容所有的民族主義類型，很多種民族主義無法分類，有些則是夾雜於二個範疇之間甚至同一種形式的民族主義也會隨時間而產生變化。而且，所有的分類都涉及到如何界定民族主義的問題，研究者的立場也會影響分類的邏輯。

二、西與東

這是最早期的分類方式，比較傾向於地理區位而不是概念的界定。將民族主義分成西與東在今天似乎已不流行，但它曾經引領風騷，在許多作家的著作中佔有明顯的地位，這些作品包括孔恩、普拉米那茲（John Plamenatz）、和後期的葛爾納。從孔恩於1926年出版《東方的民族主義歷史》開始，到葛爾納1997年出版的遺作《民族主義》，跨越了六十餘年，其影響至今猶在。「西與東」不能純就地理上來了解，其實它有點像紀登斯（Anthony Giddens）所說：一種「集裝器」（container）（Giddens, 2002:130），可以隨意填入特定（或充滿價值判斷）的內容。

根據孔恩所說，民族主義最先開始於西方，是啟蒙運動（Enlightenment）和理性時代的產物，也是中產階級想要追求個人利益的表現。相較之下，東方的民族主義則發展自完全不同的環境，不同於西方型民族主義的一脈相承，東方型的民族主義各有自己的路線，更重要的是它們大多是對西方霸權與優勢的一種反動。所謂的「西方」指的是英國、法國、瑞典、荷蘭和美國等，其民族主義的產生主要是政治上的作為，目的大多是建立未來的民族國家。但在西方世界之外，包括中歐、東歐和亞洲地區，民族主義出現的時間不但較晚，而且屬於較落後的政治和社會發展階段。現存的國家疆界和新興的民族群體不相符合，這些地方的民族主義因而以對抗現存的國家體制為訴求，不但要使它成為人民的國家，更重要的是重劃政治的疆界使之符合人種誌的要求。

孔恩認為，由於這些地區在社會和政治的發展上較落後，因而傾向於在文化領域尋求自尊與肯定。這種情感首先表現在學者和詩人的作品中，但還未在輿論上形成氣候，所以要透過教育與宣傳來達成這個目標。但是，另一方面，這群菁英多數在西方受教育，其民族主義運動深受西方的影響，然而若是一味仿效西方卻會傷害傳統知識分子的尊嚴，以致於當他們開始發展自己的民族主義時，整個民族主義的內容便會導向「反外」，進而產生反自由主義和反理性的風貌（Kohn, 1944:18-20, 329-31）。孔恩將民族主義定義為「一種心態」（Kohn, 1965:1），因此他特別看重東方民族主義產生的心理層面。這種區分法產生了這種邏輯：東方是次等的。孔恩是典型的「歐洲中心論者」，他會有這種想法是很自然的事。

相較於孔恩，普拉米那茲雖然也將民族主義分成西與東，但他與孔恩的觀點不同之處很多。首先，他認為民族主義是一種「現象」（phenomenon），他所分類的對象，不論是東方或西方都同樣懷抱四海一家的世俗文化，對人類的進步都有相同的強烈的信心。其次，他所指的東方範圍也比較廣，包括亞洲、非洲和斯拉夫人的地區（Slaves），以及拉丁美洲地區。這些地區都不在歐洲，稱這種民族主義為「非歐洲的」不是很恰當，因此他稱之為「東方的」，因為它最先出現在西歐的東方（Plamenatz, 1976:23）。要了解普拉米那茲對西與東的界定，必須先了解他如何界定民族主義。分類是定義的延伸，掌握了定義，類型自然就會浮現。對普拉米那茲來說，「民族主義主要是一種文化現象」，雖然經常以政治的形式出現，但是絕對不能將它看成是愛國主義或民族意識。他的類型學被稱作「文化上民族主義」，在文化的概念上，再分出「東」與「西」兩種次類型（劉青峰，1994：45）。

西方型的民族主義產生於那些基於某種理由而覺得自已處於不利的地位，但他們的文化卻又普遍被公認為較優秀的民族，這種想法在有文化近親關係人群中快速流傳，並形成一股凝聚民族的力量。十九世紀時的德國和意大利其民族主義屬於這種類型，稱之為「西方型的民族主義」。另外，有一群人，他們生活在「異質的」的文明中，祖先傳下來的文化無法成功地適應現代的世界，懷抱這種民族主義的人覺得需要加以改變和改革，才能面對「外來」文化的挑戰。這些地方的文化，習慣上會被視為「落後的」（backward），但是只有當他們承認自己的「落後性」（backwardness），並且極力要去超越它時，他們才算是民族主義者。普拉米那茲以中國和印度為例，這些國家都有深厚的傳統文化，從不覺得不如外國人，因此不會有民族主義。一直要等到開始質疑自己的優越性，並且覺得要向外國人證明自己跟他們一樣好時，民族主義才能算是開始萌芽。

這兩人的分類有一項共同點：「次等情結」（inferiority complex）。用這種心理因素來解釋東西方民族主義的差異，當然是一種偏見，一定會引來很多人的反對與批評，即便是「西方型」民族主義的支持者也未必贊同，更何況那些被劃分在「東方」這一邊的人。這種分類方法不需要在學理上花太多的精神去批評，畢竟我們的世界不是平面的，它是圓的，是一顆球，試問要站在那個基準點上去分「東與西」呢，這可能只是一種「比喻」（metaphor）罷了。

三、好與壞

新左派史家奈倫（Tom Nairn）在論述現代雅努斯時說：

所有的民族主義既是健康的也是病態的，既是進步的也是

> 倒退的，這種屬性從一開始便已嵌刻在民族主義的骨子裡。這個結構上的事實幾乎沒有例外，對民族主義而言，這是非常精確的陳述：民族主義的本質很曖昧（Nairn, 1981:347-8）。

他稱這種屬性為「雅努斯」（Janus）特質。「雅努斯」是古羅馬的門神，其藝術形象常有兩副面孔，「它站在大門口的高處，一面向前看，一面向後看。正如民族主義佇立在人類社會走向現代的道路上」。從奈倫的觀點來說，民族主義的「雙面神」特性來自於他對馬克斯主義的觀察，他曾說「民族主義理論是馬克斯主義最大的歷史挫敗」，「雙面神」乃是資本主義發展不均衡之下的結果。「雙面神」的特性經過不同學者的詮釋後，已經不限於「好與壞」的二分法，還包括了各種相對立的觀念，如「公民的」與「族裔的」。

就好與壞而言，它指的是：一方面它引發為禍甚烈的民族侵略，另一方面它也帶來了啟蒙運動的民主理想。十九世紀時的學者並不嫌惡民族主義，它和自由主義是可以相提並論的。自由主義者追求個人自由，民族主義者追求民族的解放，精神上是相通的。進入二十世紀後雙方開始漸行漸遠，最後竟成陌路，尤其是經歷了兩次的世界大戰，民族主義幾乎等同於戰爭。剛開始時民族主義被認為是「西方追求自由的表現」（Ward, 1959:33），後來卻被當作族裔衝突的主因，這段歷程與這二百年的世界歷史發展息息相關。據布朗（Michael E. Brown）的研究，目前全世界超過三十五個以上的地區的武裝衝突都和民族主義有關，因此，對自由派人士而言民族主義已變成「避之唯恐不及」的禍根。

奈倫只說民族義具有雙面性格，有健全的一面和不好的一面，後來竟被演繹成民族主義有兩種：一種是好的，一種是壞的。好的民族主義概念認為「民族性」（nationality）是建立在共同的公民身分上，是自由的、民主的，其表現形式就是「公民的民族主義」；而壞的民族主義概念則主張「民族性」根植於共同的族裔淵源、是神祕的、威權的，其表現形式為「族裔文化的民族主義」。「族裔」，作為一種社會人類學的分類原本不涉及好與壞的價值判斷，只因今日許多第三世界國家的動亂都和族裔衝突有關，甚至「種族屠滅」（ethnic cleansing）的惡行與恐怖主義都假借民族主義的口號，因此自由主義的學者才會將它與「壞的」民族主義劃上等號。將民族主義區分為「好與壞」道德批判的意味太重，不符合學術研究的精神，這純粹是一種「摩尼教」（Manichaeism）的觀點（Brubaker, 1998:298），世界被劃分成光明與黑暗，彼此衝突對抗，光明是好，黑暗是壞。

「好與壞」的分類上承「西方東」的邏輯，下啟「公民與族裔」的判別，這種精神將會貫穿整個「二元論」的思考，所有的「二分法」都帶有某種程度的價值判斷。一般而言，公民的民族主義被認為是西歐民族主義的特色，族裔民族主義則是東歐的。但是「公民的」與「族裔的」區分方式有時候也用在相同的區域範圍內，表示自己的民族主義是好的、合法的、公民的，而鄰國的民族主義是不正當的、族裔的。今天，這種分類法主要是用來區分東歐和前蘇聯解體後所建立的新國家，這些國家並沒有完全依據族裔的劃分建國，因此族裔的民族主義和民族運動相當複雜，暴動層出不窮。「二分法」是一種很好用的工具，除了可用它來分類國家建立時的情形，甚至連建國後的表現也可以包含在內。判別何者為公民的、何者為族裔的，比起論斷哪些國家的民族主義是好的，哪些國家的是壞的，應該比較容易做。

（一）公民的民族主義（Civic nationalism）

伊格納提夫（M. Ignatieff）認為「公民民族主義認為民族應由認同民族政治教義的所有人組成，不必管種族、膚色、信念、性別、語言或族裔關係為何」。這種民族主義之所以稱為公民的，在於他們所設想的民族是一個所有公民權利平等的共同體，因為一種愛國主義的依附心理，加上共同遵守的政治儀典與價值觀而團結在一起（Ignatieff, 1994:3-4）。公民民族主義原則，被界定為一種社會契約，其中的成員人人都是自由平等的，這是自由派民主政治的基本信條，「社會契約論」被視為西方社會的重要特質。公民民族主義在所有型態的民族主義中，最受西方人珍惜。

（二）族裔文化民族主義（Ethno-cultural nationalism）

指的是一種社群意識，重點是相信共同祖先的神話。而且，由於現代生活中個人容貌、語言與宗教的相似性，加重了這種神話的可信度。共同祖先的神話、與祖國起源和遷徙有關的神話、以及表現在當前語言、文化和身體特質上的自負，為這些主張提供了基礎，進而要求集體民族自決的權力。德國是這種民族主義的好例子。使民族凝聚在一起的力量不是成員的意志，也不是任何契約義務，而是傳統的親屬和身分關係，以及民族（folk）這個字本身的概念（Kohn, 1994:331）。族裔文化民族主義建立在一種共同祖先的神話之上，相信他們才是祖先傳下來的這塊土地的繼承者。持這種想法的人認為每個共同體都有其與眾不同的宗教、種族、和語言特性，這就是來自共同祖先的「明證」。不具備這種屬性的人，當然也可以透過某途徑取得，如通婚、宗教的皈依、語言的學習等，這種同化的過程意味著認同該共同體的歷史和他們的祖先。族裔歧異的潛在問題，經由同化的進程於是獲得了解決。

就此而言，這兩種民族主義仍然有相似點，正如史密斯所說：「現代民族既是公民的，也必然是族裔的」（Smith, 1995:99）。換句話說，「公民的」與「族裔的」之間是可以有交集的。大衛布朗（David Brown）以加拿大「巴斯克自治區」（Basque Autonomous Region）的民族主義為例，力圖證明「公民民族主義」與「族裔文化民族主義」之間的互動。他認為巴斯克的民族主義最先是建立在族裔意識的反動上，後來逐漸被以制度為基礎的認同所取代（Brown, 2000:86），因此，巴斯克不但是「族裔文化的民族主義」，也是「公民的民族主義」。事實上，這兩種型態的民族主義的概念經常糾纏在一起，不易分離。雖然多數學者認為「公民民族主義」是世界潮流，它已經是一種普世的價值觀，是很平常的概念，「民主政治」與「公民民族主義」幾乎可以劃上等號。但不意味「公民的民族主義」就沒有病態的一面，比利格（Michael Billig）在《平凡的民族主義》中引述阿蘭特（Hannah Arendt）的話說：「平凡不等於無害」（Billig, 1995:7），這句話最能闡釋「公民民族主義」本身的「雙面神」性格。

以西方的民族國家為例，平凡的民族主義幾乎不可能是有利的：它一再的制定許多制度，很多武裝軍備透過這種途徑而產生。從波灣和福克蘭戰爭中我們不難發現，不須經由長期的政治準備便可在短時間內將人民的力量動員起來，使軍備始終處於待命狀態，隨時可派上用場。而具有民族主義心態的人也處於待命狀態，隨時準備舉手贊同該軍備的使用，這都是「公民的民族主義」運作下的結果。因此，如奇靖（Michael Keating）所說，「公民民族主義」也有可能訴諸暴力……公民價值觀的應用也有可能很狹隘或偏執（Keating, 1996:7）。至於族裔民族主義，杜脫洛夫（Tzvetan Todorov）在討論阿托德（Antonin Artaud）與孟德斯鳩（Montesquieu）等法國理論家時說：

> 族裔文化民族主義（也就是說，對自己文化的依附），是一條走向世界主義的道路。……公民民族主義……是一種優先選擇，對自己家園的偏好多於對別人的家園。因此，那是一種反世界主義的選擇（Todorov, 1993:172）。

無論如何，從「好」與「不好」的立場來辨別民族主義，無法解決問題，只會讓「術語混亂」（terminological Chaos）的情形更加嚴重（Connor, 1994:89）。當然，「公民的」和「族裔文化的」民族主義內容上的確存有歧異，但這不是「種類」的問題，而是「路徑」不同。所有的爭議應該回歸到奈倫的「雙面神」理論，民族主義本身的雙重性格不應被切分成相對立的意識型態。

四、政治與文化

先有「民族」才有「民族主義」，或是先有「民族主義」才有「民族」，這個問題一直困擾著民族主義的研究者，「現代論者」（modernist）與「原生論者」（primordialist）爭議多年，仍無法取得共識。但他們至少都同意「民族」與「民族主義」的關係密切，雖然定義經常糾葛不清。霍布斯邦（Eric Hobsbawm）要我們在處理「民族問題」時，先從「民族」的概念入手，會比從民族的實際面著手，收穫會更多。因此，本文即以德國史家邁乃克（Friedrich Meinecke）對「政治民族」（Staatsnation）和「文化民族」（Kulturnation）這兩個字的界定作為論述的起點。這兩個德文字很難在英文或法文中找到貼切的翻譯，因此若只就字面上來理解，一定會被誤導。從語言學上來看，nation這個字就其最純粹的意思而言，可以指「民族」、「故鄉」（country）、或「國家」（state）。但是在德文中，「民族」（Nation）與「國家」（Staat）卻是涇渭分明，屬於不同的概念。德國人很在意區分「民族」與「國家」，但歐美學者卻有意保持言兩個字的「模糊性」。例如，創立於1920年的「國際聯盟」（League of Nations）和形成於1945年的後繼者「聯合國」（United Nations），這兩個組織的成員並不是國民或民族，而是國家，卻用nation一字，顯示了這兩種概念的糾纏不清。

（一）政治民族

邁乃克的基本假定是：現代民族主要是建立在平等或共性之上，「政治民族」所關心的是個人與集體自決的理念，源自於個人的主觀意志和對民族的主觀承諾。法國教會史家勒南（Ernest Renan）對民族所作的定義是政治民族最好的註解。勒南在他那篇著名的文章中說：「民族是每日的公民投票」。公民的集體意志是決定民族存在與否的依據，民族之建構取決於公民的政治行為。政治民族概念的具體歷史背景可在英國、法國和美國看到，美國尤其是典型的多文化移民的國家。在這三個國家中，一種國內的政治變遷過程使民族成為政治共同體。在此共同體中生活的公民，無論其社會與經濟背景為何、來自哪一個族裔或信奉何種宗教、在法律之前人人皆平等。

回顧歷史，「政治民族」是最早用來指稱民族成員的辭彙，不過在當時可稱之為「政治民族」的，通常都只限於該國境內的一小撮人，亦即權貴精英，或貴族士紳，人民根本就沒有被列入「政治民族」的範疇。顯然，「政治民族」這個概念和辭彙，最終有可能擴展成涵蓋境內所有居民，不過，這要到民族主義者大力鼓吹之後才會成為事實。而且，「政治民族」與近代民族之間的關係通常都是間接的。有相當多的證據顯示：某一王國轄下的子民，他們之所以會對國家產生認同，乃是透過對那位至高無上的統治者的人物崇拜。因為一般農民不太可能會去認同一個由領主集團組成的「國家」，因為領主通常都是他們不滿的主要根源。就算他們非常敬愛他們的領主並對其忠貞，這種敬愛與忠誠也不可能擴及其他領主士紳。當然，他們也不可能對超過其家園之外的地區產生眷戀之情。

（二）文化民族

相較於「政治民族」，「文化民族」這個共同體的精神則是建立在一些客觀的準則上，諸如共同的傳統、語言、明確的居住地、宗教、習俗與歷史，而且不須經由國家或其他類似的制度來居中斡旋。民族意識與歸屬感的發展有可能獨立於國家之外，走自己的路。這種前政治時期的「文化民族」可能對某些各邦自主主義的（particularistic）政治形式會產生像橋樑的作用。這些政治形式如十九世紀時的德國和意大利、1772至1918年之間的波蘭。以波蘭為例，經歷了多次被瓜分的命運，人民分散在三個多民族的專制國家中，但最後這個「文化民族」並沒有因此消聲匿跡，波蘭還是統一了。「文化民族」強調共同的傳統和語言，具有這種特色的民族像中歐的意大利、和中東歐出現的一些民族。在這類民族中個人沒有權力選擇認同的對象，民族成員的身分來自「出生」，不是「選擇」，那是被自然與歷史所決定的命運。因此，對從事民族統一運動的民族主義者來說，民族是先於國家存在的「實體」，建立在歷史與文化價值觀或社會關係上。一旦「文化民族」有了政治上的目標和作為之後，便開始轉變成「政治民族」，國家集權論的理念因此也就開始生根。

葛爾納將「民族主義」定義為：「基本上是一項政治原則，

主張政治與民族的組成單位，二者必須相符」。不論民族主義是一種情感或政治運動，都可以依照以上的原則加以定義。我們對「政治民族主義」與「文化民族主義」的界定大致上也是根據這樣的邏輯（郭洪紀，1997：1-41），這對術語其實是孔恩的「西與東」之「集裝器」的延伸。政治民族主義代表進步與現代的西方，文化民族主義出現在社會與政治結構較為落後的東方。政治民族主義的特色是民主政治，而文化民族主義因缺乏強有力的中間階級導致民族分裂成封建貴族與農村的普羅大眾，其民族主義因而成了一種文化運動。代表「政治民族主義」的思想家，較著名的是哈伯瑪斯（Jungen Habermas）。他主張政治共同體的認同乃是由憲政體制與公民政治活動所形成，不需要也不應當將文化認同與政治混淆。「文化民族主義」的代表人物則是泰勒（Charles Taylor）。他主張文化社群乃是形成政治領域的構成要素，國家認同應該是文化認同的延續。

「政治民族主義」與「文化民族主義」的分類不一定要像孔恩一樣局限在地理區位的框架中。霍布斯邦便從歷史發展的角度對這兩種類型的民族主義進行區分。他認為活躍於1830-70年之間的民族主義是民主的群眾政治民族主義，建立在法國大革命的市民理想，出現在那些所謂的「大民族」中。相較之下，1870-1914年之間的民族主義的特點，則是一種狹隘的、族裔的、或語言性的民族主義，主要發生在落後地區和邊緣地帶的較小民族，為了對抗奧圖曼帝國（Ottoman）、哈布斯堡王朝（Habsburg）以及沙皇帝國（Tsarist）所形成的族裔運動（Smith, 1995:11）。史密斯認為，一般人將「政治民族主義」與「文化民族主義」視為分離的現象是對民族主義本質的誤解，這兩種意識型態經常互相激勵（Yoshino, 1992:1）。

「文化」與「政治」是民族主義的兩個面向，「政治民族主義」其實就是「文化民族主義」，因為任何民族主義的發展都必須以增進共同體文化和道德再生為目標，以成員的政治動員和獨立自主的相互關係作基礎。總而言之，我們對這兩種民族主義分類的誤解，是受到葛爾納定義的影響。民族主義不能被化約成「文化單位等同於政治單元」。

五、舊與新

1965年時歷史學家賽頓華生（Hugh Seton-Watson）出版《民族主義，舊與新》，1999年布列宏尼（Kelvin J. Brehony）和雷索（Naz Rassool）也合編了一本書，取名為《民族主義舊與新》，兩本書只差了一個逗點，但這個逗點竟然讓許多民族主義的學者困擾了三十多年，一直走不出「舊與新」的二分法漩渦。

塞頓華生將世界上的民族分成「舊的持續性」民族與「新的」民族。

「持續性」的民族，主要誕生於十八世紀民族主義的學說形成之後，這些民族在民族主義時代來臨之前便已有民族認同或民族意識。「新的」民族，感覺上它們的民族意識或認同是在民族主義出現之後，而且，某種程度上是民族義的產物。介於二者之間的是德國、意大利，可能還有愛爾蘭、加泰隆尼亞和挪威，它們的菁英具有一種不完全的民族認同。賽頓華生傾向於用「民

舊的持續性民族	新的民族
英國、荷蘭、法國、蘇格蘭、卡斯提爾、葡萄牙、丹麥、瑞典、波蘭、匈牙利、俄國	捷克、斯洛伐克、羅馬尼亞、烏克蘭、阿爾巴尼亞、克羅埃西亞、塞爾維亞、阿拉伯、非洲（的）、印度

族意識」一詞，不用「民族主義」。他承認在不同的文化中，像是伊斯蘭或印度，民族主義的形式有可能是全新的而且複雜，任何一種簡單的類型學或分類都難以將它包含在內。誠如史密斯所說，賽頓華生的分類方式，未能說明這個事實：國家能夠建造民族。無論如何，賽頓華生的二分法比較中立，擺脫受孔恩制約的「西與東」之範疇。

要判別新與舊必須先確立分水嶺，「現代論者」（modernist）認為民族主義始於十八世紀以後，十八世紀以前沒有民族主義，因此，某種程度上說，所有的民族主義都是新的，如同布宜利（John Breuilly）所說：「民族主義可能是現代的，但現代不等於民族主義」（Breuilly, 1993:ix.）。一些著名的「現代論者」的著作大多出版於80年代，未及見識蘇聯解體後東歐出現的新建國運動。這一波民族主義浪潮迫使許多學者不得不修正自己的理論，民族主義的「新與舊」，其實就是「現代論」與「原生論」的爭議。對「原生論者」來說所有的民族主義都是舊的，民族一旦形成後便一直存在，雖有起落浮沉，但不會消失，頂多像「睡美人」一樣，等待王子的一個親吻好將它喚醒（Özkirimli, 2000:69）。

用「睡美人」的故事來比喻民族主義，聽起來很浪漫，但一般學者的接受度不高。儘管「原生論」遭受的批評很多，但至少有一點是不能否認的，即「歷史的持續性」。羅奇（Miroslav Hroch）在他著名的「民族運動的四個階段」理論中就認為新與舊是持續性的發展，不是可以截然加以切割的。他以蘇聯解體後中東歐的族運動為例，說明「新民族主義」的相似性，雖然與之前的民族運動相比，追求的目標或許有別，但投入的熱情卻是緊緊相連。民族可以有新舊之別，但民族主義很難分出新與舊，更棘手的是同一個民族的民族主義發展也會有新舊之別。奈倫以蘇格蘭的民族主義發展為例，雖然他很明確的指出70年代蘇格蘭的分離主義可以稱之為「新民族主義」（Neo-nationalism），不同於十九世紀或二十世紀捷克、波蘭、南斯拉夫等地的民族主義，也不同於第三世界的民族解放運動。就發展的趨勢來看，蘇格蘭的新民族主義比較接近不列塔尼（Brittany）、加泰隆尼（Catalonia）和威爾斯（Wales）與西歐地區的民族主義，但在某些方面它仍是獨特的。20年代開始，蘇格蘭的文學中充滿懷鄉的民族主義情感，讓蘇格蘭走出這種民族主義的是石油生意。這是世上最賺錢、最具侵略性和國際性的資本主義形式，簡單的說，是因為資本主義的傳播改變了蘇格蘭民族主義的面貌。身為新左派（New Left）的重要史家，奈倫的解釋不難理解，但是他仍然強調這種新的政治運動有很多地方類似歷史上或主流的民族主義。

六、意識與潛意識

民族主義的研究引進太多不同學門的學者，他們的專業擴展了我們理解民族主義的視野，但是「隔行如隔山」，再加上某些解釋太過另類反而造成一般讀者的困擾。此處介紹兩種一般史學家和社會學者不會使用的二分法。這種分類方式屬於心理學的或抽象的思考，不容易以實際的例子來解釋。一種是「意識的」與「潛意識的」區別方法，另一種則是「物質的」與「精神的」。

「心理學」這個字源於希臘文，意指「心理」或「靈魂」的科學。原先它是關於靈魂概念的形上學中的支流，後來，當靈魂的討論脫離宗教成為與心和自我有關的概念之後，心理學於是變成探討人類行為的科學，處理心在各方面的表現，有系統的研究意識與行為的現象，並探索人與自然環境或社會環境互動的因果關係和活動。民族主義不管是一種「心態」，或是如韋伯（Max Weber）所說的「情感共同體」，或是安德生的「想像的共同體」，都是心理學研究的對象。意海澤（Gustav Ichheiser）從心理學的觀點來分類民族主義，他將民族主義分為兩種：（Ichheiser, 1941:427-32）

（一）有意識的民族主義（Conscious nationalism）

當族群的成員公開聲稱他們的民族價值觀和理想、努力要去實現這些目標、想要榮耀自己的民族共同體（不管是真實的或想像的）、同時又極端的反對持不同意見的人，不容許違背民族的價值、理想和象徵，對別的民族產生敵意，這時候的民族主義便可稱之「有意識的民族主義」。

（二）下意識的（或無意識的）民族主義（Subconscious nationalism）

當民族群體成員不自覺的受到一些自然形成的偏見所影響，凡事都從自己民族的觀點出發，雖然他們沒有特別大聲說出自己民族的理念和信仰，這樣的民族主義稱為「下意識的民族主義」。

坦白說，意海澤的解釋很難理。其實如果我們把這些概念填入先前孔恩的「集裝器」，也許就比較容易理解他的意思。有意識的民族主義指的是舊的、有組織的人類行為反應，從早期的部落到現在的民族都算是。這類族群，不論規模大或小，總是認為「異邦人」或「其他人」都是錯的。他們傾向於以「非英國人」、「非法國人」等詞語來稱呼別人。另一方面，下意識的民族主義則是建立在非理性主義的反應上，這種民族主義不但乖僻而且危險。這種族群中的個人往往過於天真，以為世事都如他們所想像的一樣，因而只要與他們的認知不同便會被冠上「非人性」、「不文明」等罪名。心理學家不研究歷史，未能給我們一些例子，但他們對群眾心理的掌握，對民族主義作為一種群眾運動的現象，見解正確。無論如何，他們所認識的民族主義都不是好的現象。一位英國著名的出版商曾說：「在所有的邪惡中我最痛恨民族主義」（Snyder, 1954:112），民族主義究竟是「禍」（Curse）是「福」（blessing），葛林貝格（L. S.Greenberg）的看法是「物質的民族主義」（material nationalism）是「禍」，

「精神的民族主義」（spiritual nationalism）是「福」（Greenberg, 1937:14-20）。

（三）物質的民族主義（Material nationalism）

這種型態就是今天我們所熟知的民族主義，已經不再是合法的歷史發展過程，而且逐漸退化成為危害世界的可惡運動。狂熱的愛國主義加上狹隘的地域觀，以及不寬容的心態，是導致戰爭的罪魁禍首。這種深層的群眾心理學所倡議的是一種排外的精神和自大傲慢。雖然從表現上來看是「唯物的」，但所訴求的卻是群眾的情感。

（四）精神的民族主義（Spiritual nationalism）

葛林貝格似乎過於樂觀，他認為這種民族主義是下一波的歷史發展。人們將學會尊重別人，不是因為別人的物質財富或軍力大小，而是他們的文化和對人類文明的貢獻。精神民族主義的終極目標是要建立一個不分人種、階級、性別、信仰與國籍，大家相互合作的國際社會。「宛如一道曙光，照亮人類追尋美好世界的每一步」。

這種定義其實只是用新的名詞替代「好與壞」的二分法。從意理上來看不如前者明確，而且顯示作者受當時局勢的影響太深。1919年意大利出現第一個法西斯政黨，1933年希特勒（Adolf Hitler）被任命為首相，進而成為「領袖」，納粹的野心已讓很多人心生警惕。葛林貝格的書出版於1937年，對這種現象自然不能視若無睹，若從歷史的角度來觀察，我們不難理解為何摩尼教的民族主義觀點會如此深植人心。

七、其他二分法

除了以上的二分法外，尚有以下的清單，這份清單必要的話還可以擴大，但不論使用何種術語，基本上都是來自相同的邏輯。

這種二分法不一定是對立的觀念，有時候只是兩種類型，從這種二元論的架構中再衍生出各種多元的類型。大致上說來，地理的區隔與價值的判斷較容易流於對立，依照民族主義屬性所作的分類只能說是「種類」或「對照」。以「自由的與非自由的」民族主義為例，並不如字面上的涇渭分明，二者曾經還是指同一件事。

在十九世紀前半期，許多民族主義者認為自由主義與民族主義不但可以相容共存，而且或多或少意義相同。然而，誠如我們

自由的	非自由的
個人主義的	集體主義的
唯意志論的	有機的
憲政的	專制的
普世主義的	排他主義的
被壓迫的	壓迫者的
婦女解放的	父權的
核心的	邊陲的
包容的	排外的
崩潰型的	衝突型的
原始的	衍生的
形式的	實質的

所見，尤其是受到第一次世界大戰的影響，許多自由主義者開始認為民族主義與自由主義根本是兩種不同的思想體系，但又不能否認這兩種意識型態在追求個人自由或民族自由上有其相似處，於是妥協的辨法就是區分民族主義，那些仍然保有自由主義原則的民族主義稱之為「自由的民族主義」，至於那些違背自由主義精神的民族主義便被視為「非自由（主義）的」。

每一種分類方式背後都有其思考邏輯，不同的基準點會產生不同的結論。多數學者認為民族主義起源於西歐，然後發展至各個地方。隨著帝國主義的征服與殖民，所激發出來的民族主義便有所謂「被壓迫者」與「壓迫者」、「原型的」與「取得的」之分。民族主義與脫離殖民地運動關係很密切，對亞非地區的國家而言，沒有殖民就沒有民族主義。每個時代的人都有自己對民族主義的認知，早期的民族主義都強調「同志之愛」（意思是說民族主義是男人的事），「身為女人，我沒有國家；身為女人，我不想要有國家；身為女人，我的國家就是全世界」（Wilford and Miller, 1998:1）。90年代開始許多學者對婦權運動與民族主義之間的關係日益重視，因此將民族主義分成「男女平權主義」（feminism）與「父權的」民族主義。

由於「民族主義」本質上是一種政治運動，依據分析者的興趣和問題各有不同的區分的方法。史密斯側重其社會學上的差異，採用「二分法」的分類方式，因為他認為這種方法最能解釋起因的問題。在他看來分類民族主義運動的方法有兩種：

1. 形式的：或稱「表面的」標準。關心的是民族運動的目標，以及在達成這些目 標時相關成就的強度。

2. 實質的：或稱「內部的」標準。這一組標準用來識別產生這些目標的情勢與假定。最為重要而且複雜。

這種考量「強度」與「成就」的「二分法」對象不是「民族運動」本身，而是分類「民族運動」的方法，在各自的範疇下再對「民族運動」作分類。

八、結論

分類只是將一些彼此有關係的定義加以組合，從經驗上來看，它們不是對與錯的問題，而是對我們理解民族主義是否有幫助。「二元論」的方法形式上很簡單，實質上比我們想像的還複雜，涉及到分析者個人的素養、價值觀、信仰、乃至於當時的世界局勢。任何的分類都難免流於武斷，「二元論」最大的缺點在於它忽略了「民族主義」之間的灰色地帶，不允許「模糊空間」的存在。某些種類的「民族主義」已是歷史名詞，雖然未必能「蓋棺論定」，總是可以明確加以定位。但是對還在進行的「民族運動」便很難判斷其屬性，這種屬性是流動的，不是固定不變的。基本上，所有類型的民族主義都有共同的地方和自己的獨特性，許多爭議的癥結往往不在於「種類」，而是「程度」的問題。

本文所檢視的「二分法」有空間上的思考，如「西與東」，顯示了「歐洲中心論」的偏見；時間上的思考，如「舊與新」，沒有明顯的分界線來劃分新與舊；道德上的思考，如「好與壞」，宗教意味太深不符科學精神；心理的分析，如「意識與潛意識」，太過抽象無法應用於實際的例子。這些「二分法」所引發的問題比它所解決的問題還多，而且容易讓人產生誤會，以為所有的民族主義都是相同的，可以被歸入同一範疇內。另外，分類要能放在數學上思考，要加入統計學的觀念，被切開的兩邊在數量上必須均衡，倘若一邊有一百種例證，另一邊只有個位數，這種「二分法」是無效的分類方法。無論如何，「二元論」的思考邏輯幾乎無所不在，相較於「一元論」（monism）與「多元論」，它更受學者的歡迎，但要作為一種嚴謹的分類方法，必須先明確地界定「民族主義」的意義。

Chapter 10
後現代的民族主義結構

一、前言

今天，西方人對民族主義的印象大致上是負面的，兩次世界大戰的結果和納粹的恐怖，使民族主義喪失了之前的吸引力。在英美等國家，已經沒有必要刻意強調自決的宗旨，長期發展傾向於追求「穩定」與「緊縮」。目前，民族主義被視為是現行社會結構和政治秩序的破壞者，愈來愈多人對民主義的效用不很放心。即便是在亞洲原先支持反殖民民族主義的新國家，民族主義浪潮也在減退。這些國家中原先的民主政權已被軍事政權或總統集權所推翻或取代。而最初對有色民族受到不平待遇的同情，鼓勵反殖民統治的熱情已經冷卻。對民族主義的批評愈來愈喧嚷，而且語調辛棘刻薄，尤其是在評論落後國家的族裔衝突和戰爭時，原因大體上是因為民族主義者的野心已成了強權鬥爭的一部分，代表不同的意識形態陣營，與民族主義已無多大關連（Smith, 1983:8-9）。

在開發中國家，民族主義逐漸成為全球競爭下的人質，成了兩方面的夾心餅，一方面是傾美政權的支持者，另一方面可能是先前馬克斯主義或傳統信仰的護衛者。另一方面，在歐洲，民族主義也被罵得很凶，因為在冷戰的僵局中，民族主義被認為是不切實際的，是「過時的」（passé）而且在政治上是危險，從它已無法吸引大規模的人群看來，民族主義確實已過了它的青壯期，但是否就此消聲匿跡，二十世紀末以來的諸多事件似乎否決了這種天真的看法。

這篇文章扼要的評論民族主義的理論，並且介紹民族與民族主義的各種定義。首先，民族主義是一種具有特殊性格的世界秩序，像是對立性，如核心與外圍、世界主義與民族主義、現實主義與理想主義等，都不被正式接受。民族主義被認為純粹是一種全球性的結構，在此結構內，國家的數目傾向於維持動態均衡，此數目約略是目前世界的國家數目。民族主義的變異跟它內部的成員數目間的平衡有關，這些成員相互競爭。當它們結合成民族結構時，則又排除其他世界秩序。此種結構顯示具有封鎖變遷的功能，我們或許可以這樣說，它是來自人性本身固有的保守主義。這篇文章將要說明傳統民族主義的特點，以及最近的「身分政治」（identity politics）是民族主義結構的一部分。它們若不是排斥其他的國家形式，便是拒絕別的世界秩序。

如果世界上的國家是這樣排列的話，則每個國家的相似之處就有被誇大的可能，而國家的數目則是少算了，世界的次序也就是民族國家的次序，其構成分子正是民族國家。這種定義並不是從民族的特性開始，如同許多的民族主義的定義一樣。反之，它是從世界次秩這個念出發的，把民族看成是極其抽象的東西。顯然這種定義是講究功用的人對民族主義的看法，在本文稍後有進一步的論述。這篇文章在結論的部分提出了一個需要用心思索的問題，「認同政治」（identity politics）如何取代民族主義，卻又能繼續其功能。

民族有一種功能，美國總統柯林頓在他的第一次就職演說中明白表示：當我們的開國者勇敢地向世界宣告美國已經獨立並且擁有無限權力時，他們已經知道美國終將忍受苦難並會改變。不是為了要改變而改變，改變是為了保存美國的理想——追求生命的延續、自由與幸福。雖然我們跟隨著當代的步伐在走，但我們的使命卻是永遠的。

民族國家的世界，是一個用以維護民族過去理想的世界，在這個世界中所有的改變都被局限在最小的範圍，除了為維持民族生存外，不作任何改變。這個世界結構反對一切為改變而改變。結構主義、實用主義、以及唯意志論在當前的社會科學中仍是禁忌。但是，擯棄有關民族主義意圖已經清楚明白的解釋，也是件奇怪的事，這些意圖經常可以在民族主義信徒與其領導人身上可以看到。事實上，拒絕接受這些解釋經常是不想對民族主義者的行動作任何的道德評判。

民族主義理論的種類在論述民族的結構與作用之間的關係前，先簡要來看看民族主義理論的種類。任何全面性評述民族主義的理論，至少得用一本書的規模，例如史密斯的著作（Smith, 1983），《牛津讀者論民族主義》（The Oxford Reader on Nationalism）（Hutchinson and Smith, 1994）蒐羅了很多重要的理論，其中關於研究民族主義的學門就有九種學院以上的學科，對民族主義與民族國家提出了研究理論。這些學門如下：政治地理學（political geography）、國際關係（international relations）、政治學（political science）、文化人類學（cultural anthropology）、社會心理學（social psychology）、政治哲學（規範理論）（political philosophy）、國際法（international law）、社會學（sociology），以及歷史學（history）。

儘管民族主義研究的學門如此多，但是其研究也愈來愈狹隘化，某一學門的作者難以了解其他學門的理論，這沒有什麼好驚訝的，彼此間會有重疊或重複也可以理解。彼德歐特曾評論說這方面的文獻多到不勝枚舉（Alter, 1985:169）。這麼多的片段照理可以建構很多的理論，眾多的理論也應該有創新的空間，開發更多元的理論，不應像最近單一的典範學說。（此學說與一般的認知相反，科學革命的時代正是科學創新的時代。既然有這麼多學門的研究，應該產生更多的新思想，不是只有典範變遷理論）。無論如何，最近的民族主義理論令人相當失望。學門的多元性並沒有建構出同等多元的理論，不同學門間一再出現一些老掉牙的見解，這類理論的共同點是一個國家接著一個國家去看他們民族主義，並將民族主義視為現代化的結果。

無論如何，舉一些民族主義分類的例子並不困難，這些分類並沒有包含全部的民族主義理論。

（一）政治哲學中的民族主義「規範理論」（normative theory）（Walzer, 1983）。

（二）政治極端主義的民族主義理論：這類對於民族主義的定義常可在一般的媒體中看到。將它等同於極端愛國主義、軍國主義、或是侵略性的分離主義，與立憲主義、自由主義和愛國主義正好成強烈對比（Connor, 1994:196-209）。此類定義與過激右派的購物單（shopping list）定義有關（Mudde, 1996:225-248）。

（三）現代化的民族主義理論：這是多數社會科學民族主義理論的內含。

（四）原生理論：辯論民族的起源。

（五）文明理論：通常暗示建立一個最終的世界共同體。佛洛依德對原生有機組織比較是此種民族理論的核心概念（Freud, 1932 [1972]）。

（六）歷史理論：此理論視民族的存在為理所當然的事，專研其發展與發展障礙。

（七）社會統合理論：特別是替代宗教（substitute religion）理論。

（八）國家形成理論：殖民地解釋民族主義，通常視民族主義為集中統一政策的產物。

（九）全球體系或世界秩序理論：這類理論不常關心民族國家內部的特性和差異。

（十）戰爭建國論：這是上述二者的結合（Raisler & Thompson, 1989）。

這只是一種分類方式，純粹是陳述性的。例如古德曼將民族主義的理論分為五種：種族——民族的、現代化的、以國家為中心的、以階級為中心的、以及不平衡發展理論（Goodman, 1996）。近十年來，下列這四位作者對於民族主義的研究影響很大，其作品如下：

1. 葛爾納（Ernest Gellner），《民族與民族主義》（Nations and Nationalism, 1983）。
2. 霍布斯邦（Eric Hobsbawm），《傳統之發明》（The Invention of Tradition, 1983）（與蘭格（Terence Ranger）合著），及稍後另一著作《1780年以後的民族與民族主義》（Nations and Nationalism since 1780, 1992）。
3. 安德生（Benedict Anderson），《想像的共同體》（Imagined Communities, 1983）。
4. 史密斯（Anthony D. Smith），《民族的種族根源》（The Ethnic Origins of Nations, 1986）。

根據哈金斯一書的註解（Hutchinson, 1994），前面三位（葛爾納、霍布斯邦、安德生）屬於現代化理論派，史密斯則支持原生論。葛爾納的學術背景是社會學，安德生教的是國際關係，而霍布斯邦則是社會史學者，史密斯是社會學家。葛爾納的著作理論最為前後一致，他提出了一種民族國家的轉型模式，歸之為經濟的因素。經濟制度需要有新形態的中心文化，也要有中央政府。文化需要國家，而國家也很可能需要同質性的臣民（Gellner, 1983:140）

安德生雖然沒有提出這種經濟衍生論，他的主要論點是說傳播與媒體促進了民族的出現，而民族只是想像的共同體。對安德生而言，唯有面對面的接觸才能維持共同體的存在，民族在某種意義上，不過是一種幻覺。葛爾納與安德生這兩個人都認為民族主義肯定是現代的產物，史密斯則認為在現代之前便已有類似民族的東西存在，間接地否決了現代化理論。霍布斯邦論創造的傳統論文發表得更早，不過，可以視之為對民族傳統早於現代之前的觀點的反駁。霍布斯邦舉了一些例子來說明傳統或是最根深蒂固的民族神話，都可以借用、引進或乾脆說虛構好了，另外一本同性質的著作由列維斯（Bernard Lewis）所撰，影響力就不如霍布斯邦了。

1989年以後東歐民族主義所謂的再現，讓這些學者的作品再度引起媒體與學院研究的注意。這些著作都有其可看性，對於民族發展歷史的解釋也讓人覺得很有趣。近來這方面的作品影響力已不及前，太迷戀這些大師的作著作也造成了民族主義理論研究遠景暗淡。將上述大師的著作壓縮成幾段文字來論述並不恰當，但是有件事是清楚不過的，即這些作家對於全然不是民族國家的假設性世界，並沒有用心思索。這些理論中論述是民族的產生，但對於非民族的不存在則沒有解釋。若能考量這些可能的選擇，那麼中古歐洲的世界秩序有可能繼續存在。

二、世界主義的特殊心態

大部分的民族主義者很少關心民族主義是一種世界秩序，這很令人驚訝，因為民族主義者自己的表現就是如此。許多關於民族主義的定義太過於黨派意識。認為民族主義者只想要自己的民族，而不是別人的民族。這種說法並不正確，以馬志尼（Mazzini）為例，他就樂意看到其他的民族成立。馬志尼不僅鼓勵青年意大利，對於德意志、瑞典和波蘭他也一樣抱持相同的態度（Mack Smith, 1994:11-12）

馬志尼的眼光是世界性的，他認為民族其實只是整個人類團體的一些單位。這是一種隱喻，但是它強調了民族主義度的普遍性。軍隊並不是以用它來擴大自治權或個人意志而著稱，看看任何民族主義有關種族方面的聲明，就可以了解民族主義不可能是來自啟蒙時代民族自決的理念。這是凱杜里（Elie Kedourie）的論文重點，這本書影響了很多人。

泰勒概述民族主義者所看到的世界有三個層次，大致是世界性的、民族的、以及個人的。對他們而言，這世界是由民族像馬賽克般拼湊而成的，當這些民族都成了自由的民族國家時，便可和協相處。民族本身是自然的單位，有其植根於共同祖先與歷史的文化同質性，每個民族都自己的主權國家和不能被奪取的領土。個體都屬於民族，民族需要個人的忠誠，而個人則在民族之中找到自由（Taylor, 1989:175）。

三、分離主義的民族主義

這種標準的民族主義思想在談論民族主義當前的目標時，比其他民族主義團體講得更多。因為世界觀與行動主義這兩件事，民族主義這個詞常會使用到。這樣說或許會令人迷惑，但是將民族主義分裂成國際關係與內部政治也是誤解的，在第二種分類中也包含了分離主義。北方西班牙與西南方法國的分離主義者想要建立一個民族國家，他們常被視為是民族主義者，但是早已是民族國家的西班牙和法國政府就沒有這種需求。不可否認的，這是一種分離主義的民族主義，不想被一個更大的國家所控制。就像那些ETA的國家。無論如何，本文一開始就作這樣的定義，目的是要強調這些運動的全球影響力，它們的地位就像是但歷史上的建國之父一樣同等重要，這些人是他們所反對的。此處所論述的民族主義一詞，蓄意要來描述這種現象的正反兩面觀點。

（一）民族主義是一種普世主義

民族主義不是排他主義，而是一種普世主義，一種前後一致的遠見或意識型態。自治、分離、戰爭與征服與普世的分享目標其實可以相容。泰勒顯然已修正了他先前對於民族主義的看法，說它是領土內的罪有應得（Taylor, 1995:10）。無論如何，眾多民族的世界仍然可以成為只有一個民族的世界。本文對於民族主義的定義就是要強調這種普世性，民族主義是一種世界秩序。

此處的定義意謂民族主義可以取代世界秩序，如果文化同質性無法實現，由於時空的阻礙使彼此間的合作難以完美，因而具共同點的區域性合作是最佳的選擇。地球上的文化數目將會是這種策略的結果。晚近的國家乃是建立之前便已存在的種族或文化族群的基礎上，其國家的數目也會是這種策略的結果。若只有少數幾個國家，而且每個國家的規模又太大，這些大國的內部自然就會出現多樣性。但是若國家的總數太多了，彼此間的差異會很大。因此要讓國家的數目減少到只剩一個大國，這是不可能完成的計劃，就像Robert Carneiro的例子（Chase- Dunn, 1990:108-130）。

政治體會愈來愈少的這種發展趨勢，對Carneiro而言是很顯而易見的，他認為西元2300年就會出現這樣的政府。不管怎麼說，如果民族主義的世界秩序就是一個全球性的結構，而不是彼此相互競爭的一堆國家，四海一家的一統天下是真能到來沒有人能夠確定。如果早就已經存在這樣的世界秩序，那麼全球化就不盡然要將它的成員減少到只留一個。反之，歷史上的任何時期，民族國家的數目總是維持在最適宜的數量，這就是世界秩序。決定這個數目的因素包括限制傳播媒體、交通運輸以及攻治與社會組織的程度。國家的數量會減少，但是地理上的阻隔使得四海一家的一天下仍然不可能產生。最適宜的國家數量，事實上仍超過當前真正存在的國家總數。許多分離主義的運動，若成功了就會增加一些小國家。事實是世界上的語言種類，比世界上的國家數目還多，國家數可能超過185個，而語言恐怕多達千種。

（二）最適宜的國家數目

這意謂國家成員本質的改變。十九世紀的歐洲民族國家最適宜的數目應在二百到五百個之間，大部分有關民族主義的定義都是根據這時期的歷史。這是一種普世主義，但並非只有一個，仍有很多相互競爭的普世主義，民族主義本身就有很多變種。在歐洲這種現象非常清楚，變種的民族主義散佈在整個歐洲大陸。有一些比較有規模，其他的則只能視為地緣政治學上的譁眾取寵。……古典民族主義者說歐洲是des patries，種族民族主義者說歐洲是des ethnies，而區域民族主義者說歐洲就是區域。唯有在歐洲這種選擇的形式才會如此明顯，這些普主義的結構基本上是全球性的，它們是區分這個世界的方法，可以用來取代古典民族主義。換句話說，我們可以預料將來會用到這些名詞：區域的世界、民族的世界等等。

此處存在著一個可以稱為世界民族主義的東西，與全球一個國家相結合。它的形式是聯邦主義，而將聯合國變成世界政府。這種傳統已有好幾個世紀，在下列的著作中可以看到，（Falk, 1987；Falk, 1992；Marien, 1995:291-301）。這個可以和四海一家的傳統相提並論，（see Toulmin, 1990）, 還有一種是全球化的信念。（Marien's 1995）的文章涵蓋層面相當廣，從新時代的世界觀到新自由的世界觀。其次，尚有一種內部文化主義（inter-culturalism），將這個世界分成5-50種文化或文明，一些主張有機論的歷史學者曾經有過這種想法，最近又被Samuel Huntington（1993）提出來。與此規模相同的是泛民族主義運動，這些運動直到今日都沒有成功（Snyder, 1984:254）。再來則是古典的（內部的）民族主義，這是當前世界秩序的基礎。

接著是種族民族主義（ethno-nationalism）（Connor, 1994; Heraud, 1993; Tiryakian, 1985; Watson, 1990）。雖然有很多民族與人民很難區別，但是內在——種族的世界差別仍然很大，其規模高達一萬個民族。正是由於這樣的變體，現在他們的要求已相當明確，本土民族權利國際公約對此已有說明（CWIS, 1994），歷史——文化——語言的區域主義，規模與前者相似，這在歐洲發展得很好（Kohr, 1986）。這些區域常被視為未來歐洲聯邦的單位，這是區域主義與一種軟弱無力的泛民族主義的結合。最後，還有一種內部地方主義，主張小型的共同體如村莊、或鄰里才是社會組織的真正單位，這種地方主義幾乎不可能產生分離運動。

在所有這些選項中，可能的國家有四種共同的作用，並且存在於這些國家的世界秩序中。我要強調，這篇文章目的不是要去詮釋民族主義的各個層面，而是要思考為何國家不是脫軌自這種模式。

四、核心、邊陲、霸權

在整個世界結構中，並無所謂的「核心與邊陲」之分，至少就大部分的世界體係的意義來看是如此。無論如何，世界主義之間的競爭，就不會發生這種現象。舉例來說，某些分離主義運動便否認核心與邊陲關係的邏輯，如Lega Nord 與加泰隆尼的分離主義。曼斯非貝克（Mansvelt Beck）（1991）的著作中解釋說，這種核心邊陲理論乃是發明的概念，沒有真實的分離主義。加泰隆尼的地方主義，本身就是「地方主義」（regionalism），是一種全球性的模式，不單單僅是西班牙的現象，巴斯克的民族主義也是這個道理，是一種全球族裔民族主義的表現，民族主義的「變種」已加在世界主義之上。

在這種情形下，民族主義運動無法用社會運動的理論予以合理的分析。選舉時，民族主義的政黨之所以普遍受到支持，原因也不易理解。在英國，「蘇格蘭民族黨」（Scottish National Party）支持民族國家的架構，但是「勞工黨」（Labour Party）和「保守黨」（Conservative）又何嘗不然。在英國的選舉中，支持民族主義，囊括了99%的選票。然而，儘管分離主義的運動的情感總是被貼上民族主義的標籤，但是，主張聯邦主義的人卻不會被認為是民族主義者。依這樣的論述，SNP的支持成了選舉分析的另種範疇，但這種影響根本就是分類的。

同樣的情形，國家數目的增加也會令人產生權力競爭與對抗的錯覺。也許真有競爭與對抗，但這與國家的規模大小無關。所有的單位（可能變成國家者）都可加以比較。如捷克斯洛維亞、捷克、與斯洛維亞三個單位。這三單位都是歐洲舊式的民族國家。無論如何，從斯洛伐克的角度來說，捷克斯洛維亞代表異質的文化，一種被強迫的世界主義。早期時候，斯拉夫的民族主義者（鼓勵建立斯洛代克國家）也曾反對德語文化在中歐的支配地位。更早之前，德國的浪漫主義民族主義者同樣也反抗法國啟蒙的理性主義文化。這些前撲後繼的運動，共同的特點是反對異質文化與世界主義的支配，直到民族取得獨立自主的地位。一旦獨立後，它也成了另一種「異質」的世界主義，成了另一個「國家」。事實上，斯洛伐克對待匈牙利少數民族的方式，也曾被詬病。

從邏輯上來說，完美的世界秩序中不應該有支配或「強權」：各個民族國家相互合作，共同維護此一體制。當然，要做到這點，會涉及國家數目的改變，形成「衝突幻覺」。人民為此志願加入軍隊，報効國家，為國犧牲。我們有理由說：他們是在為維護世界秩序而盡一份心力，為了那個完美的民族秩序。

的確，這種觀念太抽象，但儘管抽象，不見得就沒有實質效用。衝突確實會引發共同力量的強化，包括民族結構的強化。分裂，尤其是會讓雙方面加強自身認同的分裂，如斯洛伐克和南斯拉夫的情形。捷克斯洛維亞自從分裂之後，變得更具民族主義色彩。該國的情勢雖然爭議性很大，但對南斯拉夫來說，情況肯定就如我們所說的。因此，個人在民族內部的表現有助於強化全球性的認同，也會影響到國家形成的數目。從邏輯上來說，這樣的境界是可以實現的：沒有被壓迫的民族，也沒有民族解放問題。唯一要「奮鬥」的是強化民族主義，也就是世界秩序。在這個秩序內，民族是被壓迫者，同時也是壓迫者。事實上，對於被壓迫的群體來說，那是民族與國家之間的對抗，但是對國家而言，則是民族與恐怖主義之間的對抗。

五、全球的／民族的、秩序／混亂

民族理論中另一種一再重複出現的意見乃是「民族的」與「全球的」爭議。民族國家與民族文化已被全球性的通訊所腐蝕。大家都說，有一天網際網路會讓民族解體。也曾經有人認為衛星電視、網路、收音機，電報及鐵路交通都會瓦解民族，然而，言猶在耳，民族卻依然挺立不搖。也有人對「全球化」持懷疑的態度，感覺上無此必要。「全球性」絕對不會侵蝕「民族性」，因為實在說，沒有任何東西可腐蝕。民族主義百分之百是「全球性」的現象：一種無法進一步加以全球化的世界秩序。

世界秩序的構成因子，不能倒過來對抗該秩序，至少就「全球化」這個字的含義而言，這種事絕對不可能發生。這句話的意思很明白：民族是特殊的整體，處於次全球的層次。整個觀念始於這樣的認知：沒有世界性的民族主義。假如我把一群路人召喚在一起，看他們踢足球，因此，我就說他們正在被「足球化」，這說得通嗎？事實上，他們會聚在一起，成為一個團體，純粹只是為了踢足球。

問題在於為什麼會有這麼多人熱衷於「全球化」的觀念。

首先，跟民族主義的本質有關。「民族」這個字是個不甚完美的替代品，不能完全等同于同質的世界國家：對民族主義者而言，他們會很希望達成這項作用。其次，在任何情況下，狂熱主義總是有與之匹敵的對手，也是就反世界主義的觀念。有很多書和研討會在講述即將到來的全球性國家，但卻沒有等量的研究關心區域的與起。這兩種思想等級似乎可以結合，例如一些文化上的「泛－融合」（pan-syncretism），或是「次國家聯盟」（sub-state federation）。第三，這只是其中一種模式，因為任何層次等級的民族主義，都有可能向上或向下轉變。從族裔－區域性變成全球性，或是從民族主義變成語言的區域主義。

目前只剩下三種可能性存在：全球主義比起反異質文化的描述性批評，更適合用於民族國家及其文化，目前而言，尚未產生任何領土的改變。為了回應全球化，某些民族國家採取了新的保護措施，尤其是面對多文化主義與認同政治的威脅。這些措施最適合應用於高度移民的西方現代國家，對這些地方而言，那是個重要的議題（特別是美國）。無論如何，最近大家關心的是融合，混種，以及「跨國界」的民族主義運動。分離主義的認同政治，已漸行漸遠，即將出局。族裔民族主義，以及歐洲同一次國家等級的區域主義——在歐盟內也很受支持。最後，也是最活躍的轉變。未來十年，我們可能會看到一個世界政府的出現，「聯合國」可能會解散；當然也可能看到一個獨立的Vlaanderen

或Catalunya，或是阿富汗必然的崩解。

這個民族的世界秩序因此具備了兩種特性：分離與融合。但並不是被「撕裂」。那是一種為了更有效運作的重建過程。所有規模上的改變都只是一個世界主義取代另一個世界主義，它們都只是一個世界秩序下的各種變化。並沒有所謂的嚴重的分裂這回事，也沒有走向世界共同體的轉變典範，根本就不需改變。從此處所使用的定義來看，民族國家的世界不能不會是混亂或無政府狀態。國際關係學院般的訓練受到這種觀念的影響：對某些具有好戰，侵略傳統的國家，要慢慢讓它們學會守秩序，舉例而言，像是（Hedley Bull, 1977, 1984）這種傳統意味著「體制中的秩序」的存在，無論如何，邏輯上說除了「秩序」之外，不會有別的東西。

「世界秩序」從字面意義來看，就不應該是「失序」：國際關係的定義本身就含有「理想主義」的成分，民族國家不會是Machtstaat所謂「現實主義」（realism）做出了世界的模型，這個世界的國家相互之間的競爭很激烈——這樣的世界，有時候就像中古的歐洲。在這個基礎上，於是出現了一種「共性」（commonality），國家間彼此合作，帶來了秩序與和平。那些將這種發展視為天生的或不可避免的人，通常會被歸納為理想主義者。

六、其他世界

但是，戰爭也不一定就是「無秩序」。Carneiro的模式既簡單又實用，說明了經過排外性競爭之後，很多國家會消失，最後只剩下一個國家：戰爭雖然很多，但每場戰爭都有經過安排的，直線發展的過程。「現實主義」與「理想主義」之間的爭論忽視了相關的國家形式，問題的癥結不在於為什麼民族與民族之間會有如此多的戰爭，而是要問為什麼戰爭很少發生在非民族之間。有種族的戰爭和屠殺，但很少有非族裔性的清理。有所謂的國際關係，卻無國與民族間的關係。為什麼？任何人只要想像一下一個完全不是民族的世界，民族世界的穩定可靠便會一目了然。

表面上，民族國家會互鬥，但不致於產生「混亂」的新國家形式。在這個複雜的世界中，似乎存在著一種簡單的秩序。民族主義者盼望這種簡單的結構，他們的努力往往也很成功。當然，世界秩序絕非完美無暇，每個國家確實都有自治的利益考量。這類利益可以視為戰前的「地緣政治」（Geopolitik）或是最近的「地理政治學的」地圖冊，但沒有那麼著迷。民族確曾充當擴張的實體，尋求「以海岸為界」，「以河川為界」，或是各種資源，或是歷史領地。Schmidt-Haack的地圖集繪製了數十種不同的要求，其中有些後來被德國加以利用。無論如何，如果所有的民族國家的做為都能像這樣前後一貫，便會有經常性的「全國」（all-state）的戰爭。

另外還有一種可能性：國家有可能轉而對抗這個世界秩序，那是一個真正變節的國家。通常這個名詞只是用於指示不受西方決策者所喜歡的國家，（參見Dror, 1971年論「瘋狂的國家」）。真正變節的國家必須終此其作為民族國家的地位，沒有人會說：「瘋狂的民族」（crazy nations）要說「瘋狂」比較有可能的是「民族主義」，作為一種與其他種世界主義衝突的普遍性秩序；其他由單一國家或多個國家構成的界世秩序，或許是一個無國家的世界。此處所用的民族主義定義，指的是有著強烈歷史持續性的「龐然大物」。作為一種單位，這種「龐然大物」必然會有競爭對手。希臘城邦通常被視為民族的原型，事實上，是所有政治共同體的原型。同樣的，希臘城邦也是同樣的國家秩序下的單元。希臘人的（Hellenic）的秩序可能本身也有「原型的民族認同」（protonational iclentiry）。無論如何，作為城市國家的秩序，它與亞洲帝國會有間歇性的衝突。現在民族國家的秩序涵蓋整個地球，因此，在這個秩序內可以發現各種競爭對抗的世界。

目前有一個很好的例子，可以用來闡釋只能從中選擇其一的世界秩序：神權政治的宗教世界主義（theocratic religious umrersalism），類似（在英國）「穆斯林統一組織」（Muslim Unity Organization）所發起的運動。該組織倡一種「世界哈里發」（world caliphates）〔即回教王國〕。這個組織會從英國開始不是沒有道理。一旦「世界哈里發」開始進行，首先會消失的可能就是伊斯蘭教的民族國家。不論這類團體的規模多小，它們的內部凝聚力很強，而且激進，不一定得選擇「西方」它們還有一個選擇：現行的全世界。

「長久以來，穆斯林一直存在著反民族主義和民族國家的活躍傳統。最近的表現便是什葉派的騷動。就這個問題而言，素尼派和什葉派之間並無重大的差別，或是在阿拉伯與非阿拉伯的回教徒之間有何差別。感覺到伊斯蘭世界的沒落是因為採行了西方的理念或文化，所有人都表達了悲觀的看法，提議對整個世界秩序予以澈底的重建」（Piscatori, 1986:145）

完全是二選一的世界秩序不可能掌控其他敵對態勢下的領地。無論如何，這些俗世主義的伊斯蘭運動，不應該視為現行民族國家內的「社會運動」（social movement），誠如（John Rex, 1996）稍早發表於線上社會學研究（Sociological Research Online）的文章所說，這類運動無法在國家的「公共領域」（public domain）下加以容納。這跟國家內部的移民或族裔地位無關：天主教的神權政治一樣也不適合自由民主政治的民族國家。

七、封鎖

只要有民族存在，就不會有「哈里發」。因為「哈里發」既不是「人民」（people），不是「地區」（region），更不是「民族」（nation），也不是一種「文化」。從結構上來看，民族主義認為國家的狀態之外，沒有別的「實體」。民族主義是個封閉的世界秩序，排除別的世界。很難想像從民族世界的內部還能產生別種世界，而且還是其成就之一，這是不可能的事。這種想法只能用荒謬來形容。

民族主義所封鎖的，最重要的是「變」（change），民族主義的定義中有一項要素，即傾向於完全的同質，所以民族主義有「穩定」的意思。此一封鎖的世界，並非沒有方向，就其本身來說，內部可能是空的，舉例來說，它不會去界定萊因河東岸的第三個民族該使用何種語言。但是，並沒有因為這樣，民族主義便喪失作用。如果民族的世界秩序主宰這個世界，它便會及時封鎖任何的變遷，排除任何可能在某一時刻出現的替代性世界。這是一種倫理學上的選擇，民族「倫理學」（ethics）不是本文研究的範疇。

如果民族主義是被選定的，也就是說某人選擇了它，那就表示沒有人可以發明民族主義。這裡所謂的「某人」，如馬志尼所說最合乎邏輯的便是「人類」（humanity）。有很多理論探討民族與心理的關係：令人最感興趣的是「民族自決」與個人認同自我的感覺等問題。我相信民族主義的結構源自一種人與人之間親密的保守傾向。若說水庫的建立和水資源的供給，來自於人類對水與生俱來的需求，應該不至於被認定為荒謬的想法。但是，這並不是暗示說，任何人，不論任何時候都是保守主義者（它與生物學並不牴觸：變遷導致壓力）。

民族的世界秩序如何來回應這種天生對於變遷的反感？首先，它賦予民族建立國家的獨占性權力，以及統治權的權力。並不是所有的國家都準確地符合一個民族的原則。但重點是，很少有國家是「非民族」的實體。歷史上確實有這種奇珍珍異品：梵蒂岡城國，希臘自治的「阿吉奧。歐眾斯」（Agio Oros）（Athos）。有些民族主義者對無民族的國家給予很高的敬意，參閱Herand對梵蒂岡的評論視它為歷史的產物（Herand, 1993:11）。如果民族的區分不是支配性的，那麼就應該會有更多這種與原則不符的例子。其次，民族本身的基礎是「過去」（past）。「代代相傳」（trans-gene rationality）是民族的主要特色，很多有關民族的定義都會強調此項特色。

當寫到有關文化認同的主觀經驗時，史密斯（Smith, 1990:179）列舉了三種共享的經驗要素：一種跨越數個世代的延續性，共享的記憶，以及一種命運共同體的感覺。讓這三種成分崩潰而成為一種，這就是民族的意圖：民族存在的目的就是要過去的事（集體記憶中的事）廷續到未來，儘可能不要有改變。民族主義者幾乎都不忘為未來許下願景，民族因而成了「未來的企劃」，有自決的權利，以便建構自己的未來（Bengoetxea, 1993:95）。

無論如何，在民族的世界秩序中，民族是唯一有自決權力和領地的「實體」，而且它們是由「過去」所構成的。正如世界秩序，民族本身也是「空的」，但絕對不是沒有方向：若將民族安置於傳統之上，則民族便會盡力去維護這個傳統。事實上，民族會把過去的事物變成一種「傳統遺物」（heritage）在民族主義中普遍可見的一個特有隱喻。在民族之內，很自然的，過去應該增加它們對經濟，社會和文化的貢獻。而且民族所居位的領地也要使之「傳統化」（heritage-ization）（Walsh, 1992:138-147）。記憶也是文化的一部分，保存它是國家的責任。儘管Lowenthal（1985）認為過去不能被看成是分誰的實體，而是分化成相對應的不同民族。這個世界因而被國家所佔領了，這些國家的過去到未來的發展都是平行線：我們找不到沒有記憶存在的空間，所有的空間都是過去。

第三，民族，原則上是永恆的，民族國家，乃至於世界秩序都一樣。（獨立的領土和託管地通常有正式的時限，但這涉及到政權的移轉。託管地會變得獨立的民族國家，或是與現行的鄰國結合在一起）。在特定時限內，為了某種目的而建立國家，這種觀念對民族主義而言，很難被接受。有些例外顯示確實有額外領土的割讓——這是民族世界中的異數。針對過去的規劃，依然會繼續下去。

回到定義的問題：從邏輯上來說，我們確實可以將國家秩序予以概略性的分類，國家界線的劃分方式目的不在於擴大「變」的範圍。換句話說，這是一種要局限變遷的分類，使這個世界不要產生太大的變化。民族的秩序可能是最有效的分類方式。形式上，它和國家有共同的「邊界」，都涵蓋了整個土地的表面。這樣的民族是由歷經數代的同一共同體所構成，聲稱擁有建國的獨占權利，其正當性不容置疑，永遠存在。所有這種等級的民族主義變體，都符合此一定義。

民族主義世界秩序的這四種功能特色，強調的是它們與其他可能的世界秩序不同的地方，以及長久以來民族主義的世界秩序如何把它們摒除在外。事實上，民族主義的世界秩序之所以出現歷史舞台，是經過選擇的結果，而且不是一蹴可及的。沒有人能說出民族主義起源的確切日期，（Marcu, 1976:3-15）引用了四十一種有關這個議題的不同觀點。當一個結構被精心設計和加強之後，其他結構的起始階段便會被廢除掉。比較Tilly所提的五種十三世紀歐洲可能的未來（Tilly, 1975:26），或是阿姆斯壯所提議的民族認同不同的發展路徑（Armsrong, 1982:283-300）。最近這兩百年來，這種增強作用已大大提升，民族變得愈來愈成為全國的（national）。

經由強化民族認同以強化世界秩序，這是民族主義的一項資產。大部分的民族主義都認為這個程序是國家在做的事，或是國家與公民社會的互動。在調整軍隊，法院，宗教和行政部門適應民族的規模之後，進一步就是國家化（包括稅賦、關稅、律法、法規、度量衡等）也開始「民族化」，或是把學校（官方語言、教育計畫、考試等）也一併國家化，然後就是徵兵制，公共服務，某些商業投資（鐵路、郵務、港口…）。國家塑造了公民社會，公民社會則倒過來開始利用國家遂行自己的目標（Fossaert, 1994:195）。

無論如何，民族主義的邏輯在於：這是一種由下而上的「聚合」過程，民族認同正如史密斯所說（Smith, 1990:179），它絕對不是一種平均數（an average），國家只是工具。國家太大，這種「聚合」會變得沒有效率，太小則平均數的差異太多，因而回到最初的定義。不論是分裂或征服，長時間來看，都不會妨礙此一過程：新的民族會有自己的「民族化」（nationalization），自己的「聚合」。換句話說，即使在個別國家的層次上，面對變遷的態度將會決定民族一致性的程度，實際上，分離係對國家的一種懲罰，這是因為國家容許人民有太多差異性的惡果。這不是抽象的觀念，許多民族主義者清楚地表示，同質性的共同體是最高的價值。

任何情況下，對多數的國家而言，分離運動不會是每天都在進行的事。如果有，也只是一種較不突出的解放過程。民族沒有完美的，它包含了許多少數族群（或多數族群），雖不符合民族的理想，但也沒有別的民族認同。一而再，再而三，這些族群選擇與該民族結合，不允許非民族的分離運動。國家有企望融合的壓力，而且經常試著透過製定文化政策來調適民族認同。重複以前說過的話，在這方面沒有所謂的政治——地緣上的不可避免性：如果人們可以從民族脫離出來，那就沒有任何東西是不可以退出的。雖然歷史上有一些例外存在，他們仍然選擇不這麼做。再一次強調，民族世界秩序的明顯特色不在於分離運動的數目，而是這個事實：他們都是相當於一群「國民」（people）或「民族」（nation）。

有個很好的例子，足以說明這種選擇的強度，此即是男同志和女同志團體之間的戰爭——尤其是在美國——他們反對政府歧視，不讓他們從軍報國，享受「為國犧牲的權利」。要求在一個歧視你的軍隊中奉獻自己的性命，這太荒謬了。此處所表現的情感，是一種民族主義，美國的民族主義：一種迫切的被認同渴望，想要被肯定，想要歸附，而不是要與眾不同。這是一個真正表現出憤怒的例子，直接衝著國家而來，是因為國家不能讓整個民族同質化。

從邏輯上來說，其他形式的選擇就不可能發生。儘管宗教在美國的影響力很大，但還不至於有人會主張「為教會而死的權利」，遑論其他的組織了。雖然這幾十年來，社會組織已很健全，但仍有男同志或女同志的分離運動不時出現。1994年八月Buenos Aires的樞機主教Quarracino提議乾脆讓同性戀者自己去建立一個國家，此話一出，立刻遭到撻伐，不得不公開道歉，純屬玩笑話。他可能不知道古怪的民族（Queer Nation），（Berube, 1991）這本書，雖然名稱上有「民族」，其實並不需要有領地。（Queer，[俚]，男同性戀的）

許多看起來像是分離主義或相衝突的發展過程，其實可以從民族主義的結構加以描述，從其作為一種特別的世界秩序的正式定義開始。經由形式主義的整合「共謀理論」（conspiracy theories）的一項特色：整個這樣的過程是否意味著一項大陰謀，牽扯到數個世紀以來的所有人呢？不盡然，因為我們不能從簡單的原理中搞出複雜的結構。就民族主義這個封鎖的世界秩序而言，最通俗的原則大概是這樣：一旦察覺有「變」，立刻強化認同感。第二個原則可能是：藉由融合或增大來強化認同，除非失敗，才會訴諸於分離主義。無論如何，不要把這個邏輯當作民族主義隱藏的文法規則。人民也不需要這種「文法」：對所發生的事，各有自己的回應方式，並為複雜的行動訂定方針，就如同馬志尼（Mazzini）和其他的民族主義意識型態家一樣。

八、認同政治與領土

民族認同將個人與世界秩序連結在一起。最近這十五年至二十年間，這是許多大學中討論的主題。這種情形尤其發生在說英語的國家，這些地方的自由主義政治傳統正受到族裔多樣性的挑戰。很多學院的活動明顯都和民族主義有關，例如，族裔研究。更為普遍的是：有愈來愈多的人對所謂文化認同的結構產生濃厚的興趣，這種結構可賦有與之對應的空間或領土的歸類。

舉例來說，在美國Bell Hooks的著作，顯示了一種邊緣性的變遷，從一種被「剝奪的位址」，到「抗拒的位址」，再到「待在裡面的位址」的變遷（Hooks, 1990:641）。這本書幾乎可以說是分離主義民族的摘要了。在這方面，即使是古典的馬志尼民族主義，也有可能被認同政治所接納。（也就是說，不見得一定會與既存的民族國家決裂）。這種從從十九世紀民族主義到現在的認同政治的持續性，目前學界還沒有好好研究。即使在一次世界大戰之前，奧地利籍的馬克斯主義學者Bovver（1907）便預期會有這種多文化的國家出現，如今西歐的政治演說中，已經到處可見這種言論。早在1994年時，Louis Adamic便已說過美國是個「由多個民族構成的民族」（A Nation of Nations），甘乃迪總統也在60年代時回應這種觀念（Kennedy, 1964）。相較於安德森（Anderson, 1992）的觀點，認為多文化主義是過渡的，沒有理由解釋為什麼民族國家不能是Vielvolderstaat，有著像民族一樣多的價值觀。最後的發展結果可能就是讓每個民族都成為這個世界秩序的「小宇宙」（microcosm）：聯合國中的聯合國（United nations of united nations）。

認同的使用似乎可以進一步加以強化，可以達到非領土型的跨世代認同結構，取代古典的民族主義。就像當前的新政治學，可參閱Newitz（1993）的著作Transgender Nation的後結構主義批評，以及同一位址上的其他文本（text）。新的世界秩序可能會是「統合的」（syncretic），這個字源於宗教的研究（參閱Colpe, 1987）。也有可能是由下列諸因素混合而成的世界秩序：性別多數主義，超越離鄉背景族群的文化，超越混種（tran-trans hybrias），以及其他新的結合——經由多樣性的量來鎮壓「變化」。

更有可能的是：新政治與舊政治的平行發展將會加強古典的民族主義。隨意舉個例子：最近有一篇文章，關於公民身分的空間，其中對Bell Hooks有如下的評論：「在Hook的例子中，這些

「家」（homes）是由繼承自她祖而來的房子和黑人都居所組成的，它的含義在於，對她而言，這些房子和鄰居不單單只是依附位址，它們同時也是黑人可以逃避敵視，憤怒與攻擊的避風港，這些危險性有可能發生在當他們走過白人的土地時（儘管法律上禁止這種行為，但是這種情形還是會發生）。換句話說，Hooks點明了某些事，就算黑人確實住在白人的房子內，他們還是無法成為公民，但他也暗示，黑人如何找到方法，嘗試發展出替代的場所，在這些地方，可獲得公民的感覺——一個屬於黑人的世界於是形成了」（Painter & philo, 1995:116-7）。

換些名字，這種情形可就沒有這麼友善，「在Tudjman的案例中，家是繼承自他祖父的房子，還有住在房子內的Croat鄰居。這意味著這些房子和鄰居對他而言，不單單是依附的「位址」，他們同時也是Croat民族可以避開來自於當他們路過南斯拉夫人土地時所受的敵視，憤怒與攻擊（雖然法律上規定他們可以踏在這些土地上）。換句話說，Tudjman指明了某些事，有關Croat人民即便已住在南斯拉夫人的房子中，他們也無法成為公民。但是他也暗示，他們如何找到方法，發展出別的替代「場所」，在這些地方，他們可以獲得公民的感覺，這次，一個Croat人的特別世界於是出現了。」

沒有必要重新發明民族主義，因為民族從未消失過，但是有些人民似乎鐵了心，非這樣做不可。民族主義的結構於是被改變了，但是它的唯一性與效用則沒有變，仍然還是一個不許別的世界秩序存在的結構。民族主義是一隻變形蟲，但它之所以會變目的卻是為了不想變。如同堪稱現代民族主義之父的赫爾德（J.

參考文獻

一、外文

Acton, Lord. 'On Nationality', in Gopal Balakrishnan(ed.), *Mapping the Nation*, London Verso, 1996[1862].

Akzin, Benjamin. *State and Nation*, London:Hutchinson, 1964.

Alter, Peter. *Nationalism*, London:Edward Arnold, 1994.

Anderson, Benedict. *Imagined Communities:Reflections on the Origin and Spread of Nationalism*, London and New York：Verso, 1991[1983].

--------.吳叡人譯，《想像的共同體：民族主義的起源與散佈》，台北市：時報，1999年。

Anderson, Eugene N. *Nationalism and the Culture Crisis in Prussia, 1806-1915*, New York, 1939.

Anderson, Malcolm. *States and Nationalism on Europe since 1945*, London:Routledge, 2000.

Angell, Sir Norman. *The Great Illusion*, New York and London, 1910.

Armstrong, John. *Nations before Nationalism*, Chapel Hill:University of North Carolina Press, 1982.

Barnard, Fredrik M. 'National Culture and Political Legitimacy:Herder and Rousseau', *Journal of the History of Ideas*, XLIV (2), 1983.

--------. 'Patriotism and Citizenship in Rousseau:A Dual Theory of Public Willing', *The Review of Politics*, 46(2), 1984.

Bauer, Otto. 'The Nation', in Stuart Woolf(ed.), *Nationalism in Europe:1815 to the Present*, London:Routledge, 1996.

Bauman, Zygmunt著，楊渝東、史建華譯，《現代性與大屠殺》（*Modernity and the Holocaust*），南京：譯林出版社，2002年。

Baycroft, Timothy. *Nationalism in Europe, 1789-1945*, Cambridge:Cambridge University Press, 1998.

Bell, Daniel. *The End of Ideology*, New York:Free Press, 1962.

Bhabha, Homi(ed.), *Nation and Narration*, London:Routledge, 1990.

Billig, Michael. *Banal Nationalism*, London:Sage Publications, 1995.

Bolingbroke, Lord. 'A Letter on the Spirit of Patriotism', in *The Works of Lord Bolingbroke*, London, 1844 [reprint 1967].

Brass, Paul. 'Elite Groups, Symbol Manipulation and Ethnic Identity among the Muslim of South Asia', in D. Talor and M. Yapp(eds.), *Political Identity in South Asia*, London:Curzon Press, 1979.

--------. *Ethnicity and Nationalism: Theory and Comparison*, New Delhi:Sage, 1991.

Brehony, Kelvin J. and N. Rassool(eds.), *Nationalisms:Old and New*. New York:St. Martin's Press, 1999.

Breuilly, John. *Nationalism and the State*, Manchester:Manchester University Press, 1993.

--------. 'Approaches to Nationalism', in G. Balakrishnan(ed.), *Mapping the Nation*, London:Verso, 1996[1994].

--------. 'Reflection on Nationalism', in S. Woolf(ed.), *Nationalism in Europe, 1815 to the Present*, London:Routledge, 1996.

Brown, David. *Contemporary Nationalism:Civic, Ethno-Cultural, and Multicultural Politics*, Routledge, 2000.

Brown, Michael E. (ed.), *Nationalism and Ethnic Conflict*, MIT Press, 1997.

Brubaker, Rogers. *Citizenship and Nationhood in France and Germany*, Cambridge, Mass.:Harvard University Press, 1992.

--------. *Nationalism Reframed: Nationhood and the National Question in the New Europe*, Cambridge:Cambridge University Press, 1996.

--------. 'Myths and Misconceptions in the Study of nationalism', in John A. Hall(ed.), *The State of Nation:Ernest Gellner and the Theory of Nationalism*, Cambridge:Cambridge University Press, 1998

Bullock, Alan and Oliver Stallybrass(eds.), *The Fontana Dictionary of Modern Thought*, Fontana Books, 1977.

Calhoun, Craig. 'Nationalism and Ethnicity', *Annual Review of Sociology,* 19, 1993.

--------. *Nationalism:Concepts in Social Sciences,* Buckingham: Open University Press, 1997.

Carnes, Mark C.著，王凌宵譯，《幻影與真實：史家眼中的好萊塢歷史片》，台北市：麥田文化出版社，1998年。

Carr, Edward H. *The Nationalism and After,* London:Macmillan, 1945.

Connor, Walker. *Ethno-nationalism:The Quest for Understanding,* Princeton：Princeton University Press, 1994.

Conversi, D. 'Reassessing Current Theories of Nationalism:Nationalism as Boundary Maintenance and Creation', *Nationalism and Ethnic Politics,* 1(1), 1995.

Cronin, John F. *Economics and Society,* New York, 1939.

Deutsch, Karl W. *Nationalism and Social Communication:An Inquiry into the Foundations of Nationality,* Mass:MIT Press, 1966[1953].

--------. 'Nation and World', in Ithiel de Sola Pool(ed.), *Contemporary Political Science:Toward Empirical Theory,* New York, 1967.

Dobb, Maurice. *Political Economy and Capitalism:Some Essays in Economic Tradition,* London, 1937.

Ergang, Robert R. *Europe in Our Time,* Boston, 1953.

Ergang, Reinhold Robert. *Herder and the Foundations of German Nationalism,* New York:Octagon Books, 1976[1931].

Fichte, Johann Gottlieb著，《告德國國民書》，台北：幼獅文化，1983年。

Finzi, Roberto著，李陽譯，《反猶主義》（*Anti-Semitism*），香港：三聯書店，2004年。

Fishman, Joshua. *Language and Nationalism,* Rowley, Mass.:Newbury House, 1973.

Fukuyama, Francis著，李永熾譯，《歷史的終結與最後一人》，台北：聯經，1994年。

Geertz, Clifford. *The Interpretation of Cultures,* New York:Basic Books, 1973.

Gellner, Ernest. *Thought and Change,* London:Weidenfeld & Nicolson, 1971.

--------. *Nations and Nationalism,* Ithaca:Cornell University Press, 1983.

--------. 'The Coming of Nationalism and its Interpretation:The Myths of Nation and Class', in G. Balakrishnan(ed.), *Mapping the Nation,* London:Verso, 1996[1993].

--------. 'Reply to Critics', in J. A. Hall and Jarvie(eds.), *The Social Philosophy of Ernest Gellner*, Atlanta and Amsterdam:Rodopi, 1996.

--------. *Encounters with Nationalism*, Oxford:Blackwell, 1994.

--------.李金梅譯，《國族主義》（Nationalism），台北市：聯經，2000年。

--------.李金梅譯，《國族與國族主義》（Nations and Nationalism），台北市：聯經，2001年。

Giddens, Anthony著，胡宗澤、趙力濤譯，《民族國家與暴力》（The Nation-State and Violence），台北：左岸文化，2002年。

Gilbert, Martin, *The Dent Atlas of the Holocaust*, London:J. M. Dent, 1993.

Greenberg, L. S. *Nationalism in a Changing World*, New York, 1937.

Greenfeld, Liah. *Nationalism:Five Roads to Modernity*, Cambridge, MA:Harvard University Pr., 1992.

Guibernau, Monterrat. *Nationalisms:The Nation-state and Nationalism in the Twentieth Century*, Polity Press, 1996.

--------.周杰譯，《無國家的民族：全球時代的政治社群》，台北：韋伯出版社，1999年。

Gyorgy, A. and G. D. Blackwood, *Ideologies in World Affairs*, London:Blaisdell, 1967.

Hall, John A. 'Nationalism:Classified and Explained', *Daedalus*, 122(3), 1993.

--------(ed.), *The State of the Nation:Ernest Gellner and the Theory of Nationalism*, Cambridge:Cambridge University Press, 1998.

Hall, John A. & Ian C. Jarvie (eds.), *The Social Philosophy of Ernest Gellner*, Armsterdam:Rodopi, 1996.

Hall, Stuart. 'Cultural Identity and Diaspora', in J. Rutherford (ed.), *Identity:Community, Culture and Difference*, London:Lawrence & Wishart, 1992.

Handler, Richard. 'Nationalism and the Politics of Culture in Quebec', in E. George (ed.), *New Directions in Anthropological Writing:History, Poetics, Cultural Criticism*, Clifford Marcus, James. Madison：The University of Wisconsin Press, 1988.

Handman, Max S. 'The Sentiment of Nationalism', *Political Science Quarterly*, 36, 1921.

Hayes, Carlton. *Essays on Nationalism*, New York:The Macmillan Company, 1926.

--------. *Nationalism:A Religion*, New York：The Macmillan Company, 1960.

--------. *The Historical Evolution of Modern Nationalism,* 台北：雙葉書局翻印，1968年。

He, Baogang and Yingjie Guo. *Nationalism, National Identity and Democratization in China,* Vermont:Ashgate Publishing Company, 2000.

Hechter, Michael. *Internal Colonialism:The Celtic Fringe in British National Development,* New Brunswick, NJ:Transaction, 1975.

--------. *Containing Nationalism,* New York:Oxford University Press, 2000.

Heimsath, C. *Indian Nationalism and Hindu Social Reform,* Princeton, NJ, 1964.

Hobsbawm, Eric & T. Ranger (eds.), *The Invention of Tradition,* Cambridge:Cambridge University Press, 1983.

Hobsbawm, Eric. *Nation and Nationalism since 1780: Programme, Myth, Reality,* Cambridge:Cambridge University Press, 1990.

--------.李金梅譯，《民族與民族主義》，台北：麥田，1997年。

Holbraad, Carsten. *Internationalism and Nationalism in European Political Thought,* Macmillan:Palgrave, 2003.

Horowitz, Donald. *Ethnic Groups in Conflict,* Berkeley, California:University of California Press, 1985.

Hroch, Miroslav. *Social Preconditions of National Revival in Europe:A Comparative Analysis of the Social Composition of Patriotic Groups among the Small European Nations,* Cambridge:Cambridge University Pr., 1985.

--------. 'From National Movement to the Fully-Formed Nation:The Nation-Building Process in Europe', *New Left Review,* 198, 1993.

--------. 'Real and Constructed：the Nature of the Nation', in John A. Hall(ed.), *The State of the Nation:Ernest Gellner and the Theory of Nationalism,* Cambridge:Cambridge University Pr., 1998.

Hutchinson, John. *The Dynamics of Cultural Nationalism:The Gaelic Revival and the Creation of the Irish Nation State,* London:Allan & Unwin, 1987.

Hutchinson, John & Anthony D. Smith(eds.), *Nationalism,* Oxford University Press, 1994.

Ichheiser, Gustav. 'Some Psychological Obstacles to an Understanding between Nations', *Journal of Abnormal and Social Psychology,* xxxvi, 1941.

Ignatieff, M. *Blood and Belongings: Journeys into the New Nationalism,* London:Vintage, 1994.

James, Paul. *Nation Formation: Towards a Theory of Abstract Community,* London:Sage, 1996.

Jenkins, Brian. *Nationalism in France: Class and Nation since 1789,* London:Routledge, 1990.

Jenkins, Keith著，江政寬譯，《後現代歷史學》，台北：麥田出版社，1999年。

July, R. W. *The Origins of Modern African Thought,* London, 1968.

Kamenka, Eugene(ed.), *Nationalism:The Nature and Evolution of an Idea,* London:Edward Arnold, 1976.

Kamenka, Eugene. 'Political Nationalism-The Evolution of the Idea', in Eugene Kamenka(ed.), *Nationalism:The Nature and Evolution of an Idea,* London:Edward Arnold, 1976.

Kaufmann, Chaim . 'Possible and Impossible Solutions to Ethnic Civil Wars', in Michael E. Brown(ed.), *Nationalism and Ethnic Conflict,* Cambridge:The Mit Press, 1997.

Keating, Michael. *Nations against the State:The New Politics of Nationalism in Quebec, Catalonia and Scotland,* London:Macmillan, 1996.

Kellas, J. *The Politics of Nationalism and Ethnicity,* London:Macmillan, 1991.

Kendourie, Elie. *Afghani and Abduh,* London and New York:Frank Cass, 1966.

--------(ed.), *Nationalism in Asia and Africa,* New York:The World Publishing Company, 1970.

--------. *Politics in the Middle East,* Oxford:Oxford University Press, 1992.

--------. *Nationalism,* Oxford:Blackwell Publishers, 1993.

Kitching, G. 'Nationalism:The Instrumental Passion', *Capital & Class,* 25, 1985.

Kohn, Hans. *A History of Nationalism in the East,* trans. Margaret M. Green, New York, 1929.

--------. 'Pan-Movements', in *Encyclopedia of the Social Sciences,* XI, New York, 1935.

--------. *The Mind of Modern Russia,* New Brunswick, N.J.:Rutgers University Press, 1955.

--------. *The Idea of Nationalism:A Study in Its Origins and Background,* New York：The Macmillan, 1956

--------. *The Age of Nationalism:the First Era of Global History,* New York:Harper and Row, 1962.

--------. *Nationalism:Its Meaning and History,* New York：Van Nostrand Reinhold Ltd, 1965.

--------. 'Nationalism', in David L. Sills(ed.), *International Encyclopedia of the Social Sciences,* New York, 1968.

Koht, Halvdan. 'The Dawn of Nationalism in Europe,' *The American Historical Review,* Vol. LII, January, 1947.

Kramnick, Issac and Frederick M. Watkins著，張明貴譯，《意識型態的時代：從1750年到現在的政治思想》，台北：聯經，1983年。

Kristeva, Julia. *Nations without Nationalism,* Columbia University Press, 1993.

Lake, David and Donald Rothchild, 'Containing Fear: the Origins and Management of Ethnic Conflict', in Michael E. Brown(ed.), *Nationalism and Ethnic Conflict,* MIT Press, 1997.

Landy, Marcia(ed.), The Historical Film: History and Memory in Media (The Depth of Film Series), NJ：Rutgers University Press, 2000.

Le Beau, Bryan, "Historiography Meets Historiophoty: The Perils and Promise of Rendering the Past on Film" , *American Studies,* 38:1,1997, 151-155.

Lerner, Daniel. *The Passing of Traditional Society,* New York：Free Press, 1958.

Levenson, J. R. *Liang Ch'I Cha'ao and the Mind of Modern China,* London, 1959.

Llobera, J. R. *The God of Modernity:The Development of Nationalism in Western Europe,* Oxford and Providence:Berg Publishers, 1994.

--------. *The role of historical memory in (ethno-)nation-building,* London:Goldsmiths College, 1996.

Lobscheid, Wilhelm(ed.), *English and Chinese Dictionary, with the Punti and Mandarin Pronunciation,* Part III, Hong Kong:Daily Press Office, 1869.

Lockey, Joseph B. *Pan-Americanism:Its Beginnings,* New York, 1920.

Mann, Michael. *The Source of Social Power,* Volume I, Cambridge:Cambridge University

Press, 1986; Volume II, 1993.

--------. 'The Emergence of Modern European Nationalism', in J. A. Hall & I. C. Jarvie (eds.), *Transition to Modernity:Essays on Power, Wealth and Belief*, Cambridge:Cambridge University Press, 1992.

--------. 'A Political Theory of Nationalism and its Excesses', in S. Periwal(ed.), *Notions of Nationalism*, Budapest:Central European University Press, 1995.

McCrone, David. *The Sociology of Nationalism: Tomorrow's Ancestors*, Routledge, 1998.

McCully, B. T. *English Education and the Origins of Indian Nationalism*, New York, 1940.

McGrath, Charles編，朱孟勳等譯，《20世紀的書》（Books of the Century），台北：聯經，2000年。

Mill, John Stuart. 'Nationality', in S. Woolf(ed.), *Nationalism in Europe, 1815 to the Present: A Reader*, London and New York:Routledge, 1996[1861].

Morgenthau, Hans J. 'The Paradoxes of Nationalism', *Yale Review*, XLVI, June 1957.

Munck, Ronaldo. *The Difficult Dialogue:Marxism and Nationalism*, London: Zed Books Ltd, 1986.

Nairn, Tom. *The Break-Up of Britain:Crisis of Neo-Nationalism*, London:NLB, 1981[1977].

Nairn, Tom. 'The Modern Janus', *New Left Review*, No. 94, 1975.

O'Leary, Brendan. 'Ernest Gellner's Diagnoses of Nationalism:a Critical Overview, or What is Living and What is Dead in Ernest Gellner's Philosophy of Nationalism', in John A. Hall(ed.), *The State of The Nation:Ernest Gellner and the Theory of Nationalism*, Cambridge: Cambridge University Pr., 1998.

O'Mahony, Patric and Gerard Delanty, *Rethinking Irish History:Nationalism, Identity and Ideology*, New York:St. Martin's Press, Inc., 1998.

Özkirimli, Umut. *Theories of Nationalism: A Critical Overview*, Basingstoke: Macmillan, 2000.

Plamenatz, John. 'Two Types of Nationalism', in Eugene Kamenka(ed.), *Nationalism: The Nature and Evolution of an Idea*, London: Edward Arnold, 1976.

Ress, H. S. *The Political Thought of the German Romantics, 1793-1815*, Oxford, 1955.

Renan, Ernest. 'What is a Nation', in S. Woolf (ed.), *Nationalism in Europe, 1815 to the*

Present, Routledge, 1996.

Rose, Holland. *Nationality in Modern History*, New York, 1916.

Rosenstone, Robert A., VISIONS OF THE PAST:The Challenge of Film to Our Idea of History, Cambridge:Harvard University Press, 1995.

Rosenstone, Robert A., "History in images/ History in words:Reflections on the possibility of really putting history onto film", *The American Historical Review*, Vol. 93, No. 5, 1988, 1173-1185. (Available online through JSTOR)

Roquemore, Joseph H., *History Goes to the Movies:A Viewer's Guide to the Best (and Some of the Worst) Historical Films Ever Made*, MainStreet Books, 1999.

Seton-Watson, Hugh. *Nationalism, Old and New*, London, 1965.

--------. *Nations and States*, London:Methuen & Co., 1977.

Shafer, Boyd C. 'A Review on Mid-Twentieth Century Nationalism', *American Historical Review*, LXXI, Apr. 1966.

--------. *Nationalism:Myth and Reality*, London & New York, 1968.

--------. *Nationalism and Internationalism Belonging*, Florida:Robert E. Krieger Publishing Company, 1982.

Shils, E. 'Primordial, Personal, Sacred and Civil Ties', *British Journal of Sociology*, 1957, 8(2).

Silverman, M. *Deconstructing the Nation:Immigration, Racism and Citizenship in Modern France*, London:Routledge, 1992.

Smith, Anthony. *Theories of Nationalism*, London:Duckwoeth, 1983[1971].

--------. *Nationalism in the Twentieth Century*, New York:New York University Press, 1979.

--------. *National Identity*, Reno, Nevada:University of Nevada Press, 1991.

--------. 'The Problem of National Identity:Ancient, Medieval and Modern', *Ethnic and Racial Studies*, 17(3), 1994.

--------. *Nations and Nationalism in a Global Era*, Cambridge:Polity Press, 1995.

--------. 'Opening Statement:Nations and their Pasts', *Nations and Nationalism*, 2(3), 1996

--------. 'Nationalism and the Historians', in G. Balakrishnan (ed.), *Mapping the Nation*, London:Verso, 1996.

--------. *The Ethnic Origins of Nations*, Oxford:Blackwell Publishers, 1998.

--------. *Nationalism and Modernism: A Critical Survey of Recent Theories of Nations and Nationalism*, London:Routledge, 1998.

--------. 龔維斌、良警宇譯，《全球化時代的民族與民族主義》，北京：中央出版社，2002年。

Snyder, Louis L. *German Nationalism: The Tragedy of a People*, Harrisburg, Pa., 1952.

--------. *The Meaning of Nationalism*, New Brunswick: Rutgers University, 1954.

--------(ed.), *The Dynamics of Nationalism:Reading in its Meaning and Development*, Princeton, New Jersey: D. Van Nostrand Co., Inc, 1964.

--------. *The New Nationalism*, Ithaca, New York: Cornell University Press, 1968.

--------(ed.), *Encyclopedia of Nationalism*, Chicago, IL: St James Press, 1990.

Snyder, Tim. 'Kazimierz Kelles-Krauz(1872-1905): A Pioneering Scholar of Modern Nationalism', *Nations and Nationalism*, 3(2), 1997.

Spencer, Philip and Howard Wollman(eds.), *Nationalism*, London:Sage Publications, 2002.

Staley, Eugene. *World Economy in Transition*, New York: Council on Foreign Relations, 1939.

Strauss, E. *Irish Nationalism and British Democracy*, London, 1951.

Sturzo, Don Kuigi. *Nationalism and Internationalism*, New York, 1946.

Sulzbach, Walter. 'The New Nationalism', *South Atlantic Quarterly*, LI, Oct. 1952.

Sylvia, Kedourie. *Elie Kedourie CBE, FBA, 1926-92: History, Philosophy, Politics*, London and Portland OR: Frank Cass, 1998.

Symmons-Symonolewicz, K. 'Nationalist Movements:An Attempt at a Comparative Typology', *Comparative Studies in Society and History*, VII, Jan. 1965.

--------. 'Book Review:Nationalism and the State', Canadian Review of Studies in Nationalism, XII(2), 1985.

--------. 'The Concept of Nationhood:Toward a Theoretical Clarification', *Canadian Review of Studies in Nationalism*, XII(2), 1985.

Tamamoto, Yoshinobu. *Globalism, Regionalism and Nationalism: Asia in Search of its Role in the Twenty-first Century*, Oxford:Blackwell Publishers, 1999.

Tamir, Yael. *Liberal Nationalism,* Princeton:Princeton University Press, 1993.

Taras, Ray. *Liberal and Illiberal Nationalisms,* Macmillan: Palgrave, 2002.

Taylor, Charles. 'Nationalism and Modernity', in John Hall(ed.), *The State of The Nation:Ernest Gellner and the Theory of Nationalism,* Cambridge: Cambridge University Pr., 1998.

Tilley, Virginia. 'The Terms of the Debate:Untangling Language about Ethnicity and Ethnic Movements', *Ethnic and Racial Studies,* 20(3), 1997.

Todorov, Tzetan. *On Human Diversity: Nationalism, Racism and Exoticism in French Thought,* Cambridge, Mass.: Harvard University Pr., 1993.

Toynbee, Arnold. *The World and the West,* New York, 1953.

Treanor, P. 'Structures of Nationalism', *Sociological Research Online,* 1997, vol. 2, no.1. 〈http://www.socresonline.org.uk/socresonline/2/1/8.html〉

Tutu, Desmond Mpolo著，江紅譯，《沒有寬恕就沒有未來》（*No Future without Forgiveness*），台北：九岸文化，2005年。

van den Berghe, Perrie. 'Race and Ethnicity: A Socio-biological Perspective', *Ethnic and Racial Studies,* 1(4), 1978.

--------. 'Does Race Matter', *Nations and Nationalism,* I(3), 1995.

Viroli, Maurizio. *For Love of Country: An Essay on Patriotism and Nationalism,* Oxford: Clarendon Press, 1995.

Wallerstein, I. *The Modern World System,* New York:Academic Press, 1974.

Ward, Barbara. *Five Ideas that Change the World,* New York:W. W. Norton & Company, Inc., 1959.

Weber, Max. *The Theory of Social and Economic Organization,* ed. Talcott Parsons, New York, 1947.

Whitaker, Arthur P. *The Western Hemisphere Idea:Its Rise and Decline,* Ithaca, New York, 1954.

White, Hayden, "Historiography and Historiophoty", *The American Historical Review,* Vol. 93, No. 5,1988, 1193-1199. (Available online through JSTOR.)

Wilford, Rick and Robert Miller, *Women, Ethnicity and Nationalism: the Politics of Transition,* Routledge, 1998.

Wirth, Max. 'Types of Nationalism', *American Journal of Society*, XLI, 1936.

Woolf, Suart(ed.), *Nationalism in Europe, 1815 to the Present*, Routledge, 1996.

Yuval-Davis, Nira. 'Gender and Nation', in Rick Wilford and Robert L. Miller(eds.), *Women, Ethnicity and Nationalism*, London:Routledge, 1998.

Yoshino, Kosaku. *Cultural Nationalism in Contemporary Japan:a Sociological Enquiry*, Routledge, 1992.

Zubaida, S. 'Nations:Old and New, Comments on Anthony Smith's "The Myth of the Modern Nation and the Myths of Nations", *Ethnic and Racial Studies*, 12(3), 1989.

二、中文

于蕙清，民族主義『原生論』與『建構論』之評析，《正修學報》，15（2002）。

方平譯，《新莎士比亞全集》，第三卷，台北：貓頭鷹出版社，2000年。

王中江，評《民族主義與中國現代化》（劉青鋒），《香港社會科學學報》，1997年3月。

王立新，《美國對華政策與中國民族主義運動，1904-1928》，北京市：中國社會科學院，2000年。

王文景，〈影視與虛擬歷史在通識歷史教學應用之探討〉，《通識教育學報》，11期（2007年），1-24。

尹盛先，〈釣魚台問題之研究〉，《海軍學術月刊》，1997，31卷8~9期。

史明，《台灣民族主義與台灣革命》，台北：前衛，2001年。

史途，〈納粹為什麼迫害猶太人〉，《環球時報》，第二十三版，2005年。

朱浤源，從族國到國族：清末民初革命派的民族主義，《思與言》，1992年6月。

江宜樺，《自由主義、民族主義與國家認同》，台北市：揚智文化，1998年。

光武誠著，蕭志強譯，《從地圖看歷史》，台北：世潮出版社，2003年。

朱諶，《民族主義的背景與學說》，台北：國立編譯館，2000年。

李宏圖，《西歐近代民族主義思潮研究》，上海：上海社會科學院，

1997年。
汪榮祖，章太炎與現代史學，收錄在《史學九章》，台北：麥田，2002年。
芮逸夫，中華國族解，載《中國民族及其文化論稿》，上冊，台北：藝文印書館，1972年。
林佳龍，《民族主義與兩岸關係》，台北：新自然主義，2001年。
林鐘雄，《西洋經濟思想史》，台北：三民書局，1987年。
周英雄，搖擺與否定：葉慈的文化民族主義初探，《中外文學》，1997年3月。
周樑楷，〈影視史學與歷史思維——以「青少年次文化中的歷史圖像」為教學實例〉，《當代》，第118期，1996年，頁8-21。
周樑楷，〈影視史學：理論基礎及課程主旨的反思〉，《台大歷史學報》23期，1999年，頁445 -470。
姜新立，民族主義之理論概念與類型模式，劉青峰編，《民族主義與中國現代化》，香港：中文大學出版社，1994年。
晏山農，〈影視史學闕如的台灣〉，《文訊》，第292期，2010年；部落格：〈http://blog.roodo.com/chita/archives/11910615.html〉
施正鋒，《族群與民族主義：集體認同的政治分析》，台北：前衛，1998年。
施正鋒，《台灣人的民族認同》，台北：前衛，2000年。
施正鋒，《台灣民族主義》，台北：前衛出版社，2003年。
郇建立，「現代性的悲哀：評鮑曼著，楊渝東、史建華譯《現代性與大屠殺》」，《二十一世紀》（網路版），75期，2003年。
徐波、陳林，《民族主義研究學術譯叢》代序言，收錄在坎杜里著，張明明譯，《民族主義》，北京：中央編譯出版社，2002年。
徐文路，〈周樑楷教授訪談錄〉，《歷史：理論與文化》，第三期，2001年。
常仕本，〈影視史學對紀錄片創作的影響〉，《現代傳播：中國傳媒大學學報》（中國傳媒大學），第2期，2009年，157-158。
陳儀深，〈二十世紀上半葉中國民族主義的發展〉，中央研究院近代史研究所編，《認同與國家——近代中西歷史的比較》，台北：中央研究院近代史研究所，1994年。
陳曉明，文化民族主義的興起，《二十一世紀雙月刊》，39期，19971年2月。
陳伯煉，〈阿拉伯民族主義興起的歷史背景〉，《思與言》，第30卷第4期，1992年12月。
張金鑑，《西洋政治思史想》，台北：三民書局，1976年。
張啟雄，〈釣魚台列嶼的主權歸屬問題〉，《中央研究院近代史研究所集刊》，台北：中央研究院近代史研究所，第二十二期（1993.06），頁107-135。
許紀霖，〈走向反現代化的烏托邦：一個文化民族主義者的心路歷程〉，劉青峰編，《民族主義與中國現代化》，香港：中文大學，1994年。
郭洪紀，《文化民族主義》，台北市：揚智，1997年。
郭永虎，〈關於中日釣魚島爭端中「美國因素」的歷史考察〉，《中國邊疆史地研究》，北京：中國社會科學院中國邊疆史地研究中心，2005年11月，頁111-117。
童清峰，〈讓保釣超越民族主義，《亞洲週刊》，25卷39期，2011年10月。
傅偉勳，文化的民族主義與政治的民族主義〉，劉青峰編，《民族主義與中國現代化》，香港：中文大學，1994年。
蒲薛鳳，《現代西洋政治思潮》，台北：正中書局，1990年。
劉青峰編，《民族主義與中國現代化》，香港：中文大學，1994年。
鄭永年，〈大陸新民族主義對其台灣政策的影響〉，《當代中國研究通訊》，〈http://cfcc.nthu.edu.tw/~newsletters/series/4/national1_chen.htm〉
鄭文龍，「納粹反猶太屠殺與現代性」，《香港社會科學學報》，第8期，1996年，37-58。
韓錦春、李毅夫，〈漢文『民族』一詞的出現及其初期使用情況〉，《民族研究》，北京，1984年第2期。
薛化元，〈保釣運動的回顧與反思〉，《台灣之窗》，〈http://www.twcenter.org.tw/index.html〉
羅志平，《納粹世界觀之研究》，輔仁大學歷史研究所，1987年。
羅志平，《民族主義：理論、類型與學者》，台北：旺文社，2005年。

Do觀點45　PF0195

民族主義與當代社會
——民族主義研究論文集

作　　者／羅志平
責任編輯／徐佑驊
圖文排版／楊家齊
封面設計／蔡瑋筠

出版策劃／獨立作家
發 行 人／宋政坤
法律顧問／毛國樑　律師
製作發行／秀威資訊科技股份有限公司
地址：114 台北市內湖區瑞光路76巷65號1樓
電話：+886-2-2796-3638　傳真：+886-2-2796-1377
服務信箱：service@showwe.com.tw
展售門市／國家書店【松江門市】
地址：104 台北市中山區松江路209號1樓
電話：+886-2-2518-0207　傳真：+886-2-2518-0778
網路訂購／秀威網路書店：https://store.showwe.tw
國家網路書店：https://www.govbooks.com.tw

出版日期／2016年7月　BOD一版　**定價**／350元

獨立作家
Independent Author
寫自己的故事，唱自己的歌

民族主義與當代社會：民族主義研究論文集 /
羅志平著. -- 一版. -- 臺北市：獨立作家,
2016.07
面；　公分. -- (Do觀點；45)
BOD版
ISBN 978-986-93402-5-0(平裝)

1. 民族主義　2. 文集

571.1107　　105014530

國家圖書館出版品預行編目

讀者回函卡

感謝您購買本書，為提升服務品質，請填妥以下資料，將讀者回函卡直接寄回或傳真本公司，收到您的寶貴意見後，我們會收藏記錄及檢討，謝謝！

如您需要了解本公司最新出版書目、購書優惠或企劃活動，歡迎您上網查詢或下載相關資料：http:// www.showwe.com.tw

您購買的書名：________________________________

出生日期：________年________月________日

學歷：□高中（含）以下　□大專　□研究所（含）以上

職業：□製造業　□金融業　□資訊業　□軍警　□傳播業　□自由業

□服務業　□公務員　□教職　□學生　□家管　□其它_____

購書地點：□網路書店　□實體書店　□書展　□郵購　□贈閱　□其他

您從何得知本書的消息？

□網路書店　□實體書店　□網路搜尋　□電子報　□書訊　□雜誌

□傳播媒體　□親友推薦　□網站推薦　□部落格　□其他__________

您對本書的評價：（請填代號　1.非常滿意　2.滿意　3.尚可　4.再改進）

封面設計____　版面編排____　內容____　文／譯筆____　價格____

讀完書後您覺得：

□很有收穫　□有收穫　□收穫不多　□沒收穫

對我們的建議：________________________________

____

____

____

請貼
郵票

11466
台北市內湖區瑞光路 76 巷 65 號 1 樓
獨立作家讀者服務部　收

（請沿線對折寄回，謝謝！）

姓　名：__________　年齡：______　性別：□女　□男

郵遞區號：□□□□□

地　址：__________________

聯絡電話：(日) __________ (夜) __________

E-mail：__________________